中国皇陵

徐 潜／主编
张 克 崔博华／副主编
闫静静 辛鹏龙／编著

吉林文史出版社

图书在版编目（CIP）数据

中国皇陵 / 徐潜主编 . —长春：吉林文史出版社，2013.4

ISBN 978-7-5472-1539-5

Ⅰ.①中… Ⅱ.①徐… Ⅲ.①陵墓-介绍-中国 Ⅳ.①K878.8

中国版本图书馆CIP数据核字（2013）第063823号

中国皇陵
ZHONGGUO HUANGLING

出 版 人	孙建军
主　　编	徐　潜
副 主 编	张　克　崔博华
责任编辑	崔博华　董　芳
装帧设计	昌信图文
出版发行	吉林文史出版社有限责任公司（长春市人民大街4646号）
	www.jlws.com.cn
印　　刷	三河市燕春印务有限公司
版　　次	2014年2月第1版　2021年3月第3次印刷
开　　本	720mm×1000mm　1/16
印　　张	12
字　　数	250千
书　　号	ISBN 978-7-5472-1539-5
定　　价	33.80元

序　言

　　民族的复兴离不开文化的繁荣，文化的繁荣离不开对既有文化传统的继承和普及。该书就是基于对中国文化传统的继承和普及而策划的。我们想通过这套图书把具有悠久历史和灿烂辉煌的中国文化展示出来，让具有初中以上文化水平的读者能够全面深入地了解中国的历史和文化，为我们今天振兴民族文化，创新当代文明树立自信心和责任感。

　　其实，中国文化与世界其他各民族的文化一样，都是一个庞大而复杂的"综合体"，是一种长期积淀的文明结晶。就像手心和手背一样，我们今天想要的和不想要的都交融在一起。我们想通过这套书，把那些文化中的闪光点凸现出来，为今天的社会主义精神文明建设提供有价值的营养。做好对传统文化的扬弃是每一个发展中的民族首先要正视的一个课题，我们希望这套文库能在这方面有所作为。

　　在这套以知识点为话题的图书中，我们力争做到图文并茂，介绍全面，语言通俗，雅俗共赏。让它可读、可赏、可藏、可赠。吉林文史出版社做书的准则是"使人崇高，使人聪明"，这也是我们做这套书所遵循的。做得不足之处，也请读者批评指正。

编　者

2014 年 2 月

目　录

一、黄帝陵　　　　　　　　　　　/ 1

二、清东陵　　　　　　　　　　　/ 37

三、秦始皇陵　　　　　　　　　　/ 107

四、明十三陵　　　　　　　　　　/ 153

五、成吉思汗陵　　　　　　　　　/ 189

黄帝陵

　　黄帝陵相传是中华民族的始祖轩辕黄帝的陵园，它位于黄陵县城北的桥山顶上。黄帝是我国原始社会末期一位伟大的部落首领，是开创中华民族文明的祖先。他用玉作兵器，造舟车弓矢。他的妻子能养蚕，其史官仓颉创造了文字，其臣大挠创造了干支历法，其乐官伶伦制作了乐器。我国后来能巍然屹立于世界四大文明古国之列，与黄帝的赫赫殊勋是分不开的。

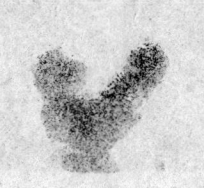

一、黄帝陵

中华民族上下五千年的文明史，如一个梦一般、谜一样的传说，一直萦绕在我们的心头，在炎黄子孙脑海中刻下了永久的印记。今天，传说中五帝之首的轩辕皇帝陵园的发现终于揭开了历史的新一页，使我们对于我国古代源远流长的上古记忆有了更进一步的新认识。

(一) 黄帝陵的来历

黄帝是我国原始社会末期一位伟大的部落首领，是传说中开创了中华文明的祖先。相传他用玉做兵器，发明创造了舟车弓矢；他的妻子教会妇女养蚕取丝；在他统治期间，史官仓颉始创文字；大臣大挠发明了干支历法；乐官伶伦制作出了乐器。黄帝采铜铸鼎，宣告了石器时代的结束，并掀开了青铜时代的序幕。我国后来能巍然屹立于世界四大文明古国之列，与黄帝的高功殊勋是密不可分的。

黄帝还以他惩恶扬善并首次统一中华民族的丰功伟绩而载入史册。据《史记·封禅书》记载，古时荆山一带灾情严重，轩辕皇帝从昆仑山来到荆山查看。为炼仙丹给百姓治病，黄帝采首山之铜，汲湖中之水，铸鼎于山下。到此祭祀拜祖的后人络绎不绝。现已修复了象征天神、地神和祖宗的三尊大铜鼎。"黄帝采首山铜，铸鼎于荆山下，鼎既成，有龙髯垂胡。下迎黄帝。黄帝上骑，群臣后宫从上者七十余人，龙乃上去。余小臣不得上，乃悉持龙髯，龙髯拔坠，

坠黄帝之弓。百姓仰望黄帝既上天，乃抱其弓与胡髯号，故后因名其地曰鼎湖，其弓曰乌号"。人们把黄帝的靴子埋在铸鼎塬上，形成了黄帝陵。后来，人们便在此地建立黄帝衣冠冢，并建庙祭祀。

另外还有一个关于黄帝陵来历的传说：据说黄帝活了一百一十八岁，有一次，在他出巡河南期间，突然晴天一声霹雳，一条黄龙自天而降。黄龙

对黄帝说："你的使命已经完成，请你和我一起归天吧。"黄帝自知天命难违，便跨上了龙背。当黄龙飞越陕西桥山时，黄帝请求黄龙暂且停下，让他去安抚臣民。黎民百姓闻讯从四面八方赶来，个个痛哭流涕。在黄龙的再三催促下，黄帝又跨上了龙背，人们拽住黄帝的衣襟一再挽留。黄龙带走了黄帝之后，留下了黄帝的衣冠。人们把黄帝的衣冠葬于桥山，起冢为陵。这就是传说中的黄帝陵的由来。但是也有人说，黄帝死后就安葬在桥山。

黄帝陵位于灵宝市区西二十公里的阳平镇，在黄陵县城北的桥山顶上，它是华夏民族的始祖轩辕皇帝部落在此代代相传、繁衍生息的历史佐证。古代名士文人纷纷前来参拜瞻仰，李白、杜甫、白居易、刘禹锡等著名诗人都曾到此拜谒，题诗作赋，发出过"樊萝来绝顶，瞻拜意何胜"的慨叹。著名诗人贺敬之也有诗在此："中华五千年，史证灵宝见。荆山登高望，古今两惊叹。"

1992 年 8 月，地方政府投资六百万元在原址上建设成了陵墓（衣冠冢）、阁楼、大殿、山门、碑廊、亭台等景点。陵的西端有一高六米，周长四十余米的土堆，传说就是黄帝陵冢。陵西南有一条龙须沟，传说是龙须坠落之地，此间生长着一种龙须草，为龙须所变。年年农历二月初九前后，人们便络绎不绝地来此地祭祀瞻拜。

早在春秋战国时期，炎黄子孙就开始了对黄帝陵庙的祭祀活动。这从孔子、孟子的文章以及他们与学生的对话语录中，都能够得到充分的证明。据《吕氏春秋·安葬篇》《七国考》《山海经》这些古代典籍记载，"墓设陵园"在秦代开始才形成一种制度，因此黄帝陵园也最早建于秦代。秦在灭六国，一统天下之后，便规定了天子的坟墓一律称作"陵"，一般庶民坟都称为"墓"。到了汉代，又规定天子陵旁必设"庙"。刘邦建立大汉王朝以后，汉朝初期就在桥山西麓修建了一座"轩辕庙"以祭拜华夏祖先。在唐代宗大历五年至大历七年，又对轩辕庙进行了历时二年的重修扩建，并栽植柏树共一千一百四十株。宋朝开宝二年，因沮河水连年侵蚀，桥山西麓经常发生崖塌水崩，严重威胁到黄帝陵，地方官员上书朝廷请示搬迁，于是宋太祖赵匡胤降旨，命当地官员遣人将轩辕庙由桥山西麓迁移至桥山东麓黄帝行宫。在此之后，黄帝陵庙有过多次修缮和扩建的工程，我们现在看到的黄帝陵庙的规模和范围，都已经远远超过古代。正如一首民谣所说的："汉朝立庙唐扩建，到了宋朝把庙迁，不论谁来做皇帝，登基都不忘祖先。"

（二）陵园概况

据传，黄帝死后葬于桥山，其陵墓位于陕西省黄陵县城西北大概一公里处。桥山脚下环绕着沮水，气势十分宏伟壮观。山的上面栽有八万多棵柏树，都有千年以上的树龄，繁盛茂密，郁郁葱葱，四季常绿，山体愈发显得浑厚坚实。正是在这青山古柏掩映着的桥山，深藏着中华祖先轩辕黄帝的陵冢。

走近黄帝陵，首先就会看到以青砖砌成的环冢花墙，中有高 3.6 米，周长48 米的陵墓封土。陵前立着一块明朝嘉靖十五年的石碑，上刻"桥山龙驭"四字，即指此处乃轩辕黄帝"驭龙升天"之地，更为此地增添了一丝神秘感，令人肃然起敬。碑前有一祭亭，气势不凡。亭内赫然竖立着写有"黄帝陵"三字的碑石，乃我国著名文学家郭沫若的墨宝。园区四周围护着醒目的红墙，东南面开有一道门叫"棂星门"，门的两侧为仿制的汉代石阙，进入陵园区内，地面用石砖铺就，更显典雅素朴。陵区正南方，有土筑的高台立在陵园红墙之外，这正是赫赫有名的"汉武仙台"。据《史记·封禅书》记载："汉武帝北巡朔方，勒兵十余万还祭黄帝冢桥山。"汉武仙台就是当年汉武帝为祭祀黄帝而筑的二十余米高的台，后来经历风霜雪雨多有损毁，今天我们所见的已经是用石块修葺并建有登台石阶、云板和护栏的焕然一新的高台了。

在黄帝陵庙前的约一万平方米的入口广场用精挑细选的五千块大型鹅卵石铺就，气派非凡，放眼望去，光洁可鉴，是中华民族上下五千年文明史的象征。广场的北端有一座宽 8.6 米、长 66 米、高 6.15 米的轩辕桥，整座桥由九节组

成，共用了一百二十一根石梁搭建，桥两侧设有护栏。护栏的内壁上都雕刻着古典图案的花纹。整座桥全部采用花岗岩砌成，既素朴古雅，又粗犷悠远。桥的下方占地三百余亩的印池居于左右水面，总蓄水量可达四十六万平方米。印池周围绿树环绕，空气清新，环境优

美。青山翠柏，交相辉映，影印池中，在蓝天白云的衬托下，显得生机勃勃，也给几十个世纪以来静卧于此处的黄帝陵平添了几分灵动之气。

沿轩辕桥北侧缓步向下，是象征着黄帝"九五之尊"并寓意着黄帝至高无上皇权的九十五级石砌台阶。下桥后从一条名为"龙尾道"的小路向上攀登即为临庙院山门，看上去格外肃穆宏伟。

走进庙院的山门，有一古柏，相传是华夏始祖黄帝亲手所种，历经风雨洗礼依然如故，凹凸错落的树纹更添沧桑感，抚摸着树干就仿佛跨越了千年，回到了那个刀耕火种的远古时代，呼吸着那时的空气，感受着祖先们艰苦卓绝的创业时代，更觉今日幸福的来之不易。古柏高十九米，树干下围十米，中围六米，上围两米，枝叶繁茂，苍翠遒劲，四季常青。

再往北走就来到了诚心亭，古时候祭祀官员来此均须整理衣冠，心静面净后方被允许进入大殿参拜祭祀。亭的北面立有碑亭，面阔五间，进深一室，顶端为卷棚装饰。亭内有两座碑石，一面上为伟大领袖毛泽东手书的《祭黄帝陵文》，另一面是蒋介石手书的"黄帝陵"碑石。亭的附近有一棵高大的古柏，即远近闻名的"汉武挂甲柏"，树叶青翠，枝繁叶茂。其后的轩辕庙正殿面阔七间，进深三间，抬眼可见"人文初祖"的四字匾额，据说是出自国民党元老程潜之手，字体浑圆，气势磅礴。大殿内中部的木质壁龛中嵌有轩辕黄帝的石刻浮雕像，人物栩栩如生，形态生动。在碑亭的东侧是立有四十余个历代碑石的碑廊，其中较为著名的有宋仁宗嘉祐六年（1061）奉旨栽种松柏共一千四百一十三棵的记事碑；元泰定二年（1371）禁伐黄帝陵庙树木的圣旨碑；明太祖洪武四年（1371）祭黄帝陵御制祝文碑；清圣祖康熙二十七年（1689）祭黄帝桥陵碑。另外还有1912年辛亥革命的领袖孙中山宣誓就职中华民国临时大总统之后，派代表团带上其亲自撰写的《祭黄帝陵文》前往桥山祭拜中华始祖轩辕黄帝陵的碑石等等。

每年到了清明节前后，来自全球各地的华夏后人、炎黄子孙就会络绎不绝地来黄帝陵祭拜黄帝。同时在海内外华人的强烈要求下，国家同意并批准了于1992年4月4日，即当年的清明节奠基并开始重新修整完善黄帝陵。此次对于黄帝陵的修整工程，范围包括了黄帝陵所在地桥山及其附近的山水、城镇，约达面积 3.24 平方公里。整修工程以保护现存的文物古迹和柏林为前提，为柏林的生长提供了良好的生态环境；同时体现了黄帝陵的宏伟、壮观、古雅、庄严，工程建筑借山川水势与陵墓地势，融山水陵庙与城市于一体，充分体现了人与自然的和谐一致；整个陵墓修整努力与黄帝陵庙的所有建筑风格统一，在吸收传统思想精髓的基础上力求达到汉代建筑粗犷古朴的风格。

　　黄帝陵的整修规划设计是在国内一流专家的指导下进行的，除此之外还广泛征集了港澳台同胞和海外华人的意见和建议。整个工程规划将黄帝陵和轩辕庙作为重点保护范围，其总体结构由六个部分构成：前区、庙，功德场和神道、陵区、县城以及外围景观。这些部分构成了祭祀谒陵的完整的建筑群系统，其中的庙院广场以石雕石刻饰以点缀，记录着华夏五千年文明的精华，从而增加我们对华夏始祖的敬意，增强了人们对于身处文明古国的自豪感。黄帝作为炎黄子孙的共同祖先，给后人点燃了文明之火，照亮了华夏后人未来的征途。

二、帝陵传说

（一）桥山柏树之谜

大败蚩尤之后，轩辕黄帝建立了联盟部落并率众于桥山定居。当他发现桥山一带的居民或者栖居于树上，或者与鸟兽同穴，顿觉这种生活方式既不文明又不安全，于是黄帝便和手下大臣力牧、大鸿、共鼓等人商讨怎样改变这种情况。大家商量后，决定先教会当地居民在依山傍水的半山坡上伐树建屋，脱离树林和洞穴搬进新居；然后又提议将桥山改为桥国。经过黄帝和众人的努力，终于让桥山居民脱离了原始的穴居生活，拥有了文明的生活方式，不仅方便了日常生活，同时也不再惧怕野兽带来的危险了。然而，就在这个时候，一场突如其来的暴雨，引发了山洪暴发，洪水从山下直泻而下，将黄帝的得力助手大臣共鼓、狄货和几十个居民都卷走了，黄帝见状不禁悲痛万分，却又无可奈何，只能眼睁睁看着他们消失在大水中。

他见洪水不仅冲毁了被砍光树林的山峁，甚至冲走了地上的草木。于是他沉思片刻，对众村民说道："今后大家再不能砍伐树木了，如果再这样继续下去，这里不仅不会再有树林，连飞鸟野兽也会无处藏身了。那时吃什么、穿什么都成了问题。"当时黄帝手下一位幸存的大臣提议大家可以搬到另外的地方居住，重新开辟自己的家园。黄帝想了想道："这种做法虽可以解燃眉之急，却不是个长远之计。你们想想看，如果那里的树林也让我们砍光了，我们到时候还能再往哪里搬呢？一旦再遇到洪水，我们又能往哪里逃呢？"众人听了，顿觉黄帝讲得有道理，于是纷纷向他询问下一步该如何走。

黄帝望着大家缓缓道："我愿意同大家一起上山植树种草，用不了几年，山上就会长满草木，像从前一样，不仅能够挡住突袭的山洪，又能留住鸟兽，我们桥国的居民也就能吃穿不愁，安居乐业了。"说罢，黄帝率先带头种了一棵小柏树，臣民们见状，都争先恐后地植树种草。几年之后，桥国的山峁上便又呈现了从前的的景色，郁郁葱葱，远远望去，一片苍翠。大家都非常感激黄帝。从此以后，植树造林就成了我们中华民族的一个优良传统，并世世代代延续至今。

传说中，黄帝在骑龙升天之时经过桥山上方，还特意请巨龙停下片刻，只是为了再看一眼自己亲手种下的那棵柏树。临走之时，黄帝随手将百姓送给他的干肉块扔下来，正好掉落于他自己栽种的柏树上。传说，黄帝手植柏树树干上的二十四个疙瘩就是他从天下扔上来的肉块所变的。

传说黄帝的臣民们挽留不住乘龙飞天的黄帝，便紧紧拽住他的衣服，甚至将他的衣襟、靴子和佩戴的宝剑都拽了下来。后来黄帝的百姓为了追念他，就把这些衣物埋于桥山之巅，于是这里就成了黄帝的衣冠冢。此后，每天前来拜祭黄帝的人每天都络绎不绝。那时，桥山的山顶上光秃秃一片，没有一丝草木的痕迹，大家在黄帝陵前供奉的食品也经常会被飞鸟野兽争相抢食，见到这样的状况，大家心里都十分不安。此时出现了一位叫青山的老人家，他在黄帝陵冢的周围种植了很多树木，希望树木的枝叶会将整个陵墓遮挡起来。老人每天种树，夜以继日不停忙碌。终于，老人的行为被九天玄女发现了，她一回到天宫就把这件事禀告给玉皇大帝。玉帝听罢叹道："本宫其实早已知晓青山老人对黄帝的一片赤心，但见他一人独自种树又于心不忍，这样到何年何月才能栽满全山呢？"说罢便令九天玄女偷偷将王母娘娘所藏的常年不落叶的柏树籽拿出并撒于桥山之上。到了第二年开春之际，但见整个桥山漫山遍野都冒出了葱绿新嫩的柏树树苗。老人见到满山长满柏树的树苗，开心极了，于是他便整日地在山上劳作，培育树苗，除草浇水。就这样日复一日，年复一年，在青山老人的悉心照料和呵护下，每棵柏树都长得枝繁叶茂。整个桥山一片翠绿，郁郁葱葱，煞是好看。

春去秋来，寒暑交替，不知道又过了多少个年头，老人年已过百，胳膊腿也早不如当初那么灵活有力，但他仍然坚持每天到山上去看护自己一手培育起来的柏树林。不曾料想，就在这个时候，桥山搬来了一个叫做拾怪的恶霸，他仗着自己有十个身强体壮的儿子，明抢暗夺，为非作歹，丧尽天良。当他发现桥山上的柏树长得又高又大，顿时暗起歹意。有一天，拾怪领着两个儿子来到桥山上，明目张胆地砍伐树木。老人发觉此事后，连忙赶来阻止。拾怪父子三人蛮横地冲老人喝道："这山上面都是树，多得数不过来，我们砍几棵又有什么不可以呢？就是全砍光了你又能把我们怎么

样？"老人听后气愤地说道："这是咱们祖宗陵地的树，谁也不许砍伐！"拾怪父子三人根本不理会老人这一套，继续指挥两个儿子砍树。老人见状，上前牢牢抱住柏树的树身，用自己的身体护住了树干。拾怪一拳挥过去就将老人打倒在地。风烛残年的青山老人哪里经得起这样的毒打，很快便含恨离开了人世。恰巧这时候陈抟老祖从桥山上空经过，看见恶霸打死了誓死守护山林的青山老人，急忙赶回天庭，向王母娘娘禀明了此事。王母娘娘从南天门望见老人惨死于山上，不由得怒火中烧，随即从头上拔下两支金簪，往下抛去。恶霸拾怪的两个儿子立刻惨叫一声，倒在了血泊之中。原来两支金簪空中变成了两把锋利的宝剑，直挺挺插在拾怪两个儿子的身上。拾怪不明白宝剑的由来，认为是被别人暗中算计了，一气之下，放了把火想要将桥山烧毁。王母娘娘发现桥山起火，立即命龙王施法降雨，霎时间倾盆大雨落下，瞬间就将熊熊烈焰扑灭了。桥山柏树林经过了这场大难，不仅没有荒芜，反而更加枝叶繁茂了。因此民间流传着这样一段歌谣："桥山古柏，棵棵是神树；谁要乱砍，全家都遭殃。"

话说有个叫赖顺的人，偏偏不信邪。赖顺不仅好吃懒做，还常年靠偷窃为生。一年冬天，大雪下了有三尺深，赖顺实在是冻得受不了了，就偷偷跑到桥山，趁人不备砍了山上的一段柏树枝，挑回家里当柴火烧了。哪曾想点了火之后，却只是冒烟，根本不起火焰。赖顺就开始用嘴吹，希望能够助燃。可浓烟越来越多，终于把他呛得摔倒在地上。邻居们闻讯赶来，发现赖顺已经躺在地上口吐鲜血，两眼翻白，气绝身亡了。顿时大家目瞪口呆，面面相觑。后来才明白，原来是他用桥山的柏树枝当柴烧，才落得个如此下场。后来再也没有人敢随意砍伐桥山上的柏树了。即使偶尔有些顽皮的小孩子将掉落在地上的枯枝败叶捡起来收走当柴烧，也会遭到家中长辈的严厉呵斥，并责令孩子把捡回来的树枝送回山上。就这样代代相传，桥山上的柏树被守护到今天。

据说在康熙年间，有个好信儿的县令想知道桥山究竟有多少棵柏树，可命令手下查了七七四十九天也没有数出个头绪，最终只好作罢。后来在民国期间，中部县的县长卢仁山调集了一个团的兵力，将桥山按段划分好，并排列号次，令手下士兵按树贴号，并下令宣称标错者罚五块大洋，并加罚四十军棍。经过了十九天的详细查点，才终于得出了一个具体的数目，即桥山共有古柏61286棵。桥山的柏树之谜最终得以解开，这一调查结果后来也被正式载入了黄陵县志。

(二) 黄帝的脚印

在黄帝陵有个奇怪的现象，那就是前来拜祭华夏始祖的游人过客，都要到轩辕庙内去一睹黄帝脚印的风采，还乐于将自己的双脚放在黄帝的脚印上试上一试，并美其名曰："踏着黄帝的足迹前进！"这双黄帝脚印留在大约一米见方的青石上，至今清晰可见。这双脚印之所以能够一直完好无损地保留到今天，还有着一个动人的传说。

相传在黄帝在位时，大家没有鞋袜，也没有衣帽可以穿戴，他们或者用树叶蔽体，或者以兽皮裹身，日子非常艰苦。黄帝和他的民众也一样腰间缠着兽皮，光着脚板，长年累月地奔走于各地，为民祈福。夏天尚不觉苦，每当到了冬天，地冻天寒，黄帝便为外出巡察时光着双脚而头疼。直到后来，胡巢和于则发明了木屐和帽子，又有人给黄帝做了一双木屐。虽然穿木屐比赤足光脚走路好多了，外出巡视、进林狩猎却有些不便。一个冬天，黄帝外出回来，脚冻坏了，黄帝身边一个叫素雀的女孩就偷偷用麻布给黄帝缝了个布袋。黄帝穿在脚上试了试，感觉又短又小，根本穿不进去，但黄帝仍旧和颜悦色，丝毫没有表现出责怪素雀的意思，还表扬了她发明创造的精神。可素雀因为没有帮到黄帝而难过极了。一次素雀去河边挑水，发现黄帝一人独自从河滩经过，地面上留下了深深的足印，素雀走过去仔细查看，心中顿时一亮。原来黄帝的脚比常人大出许多，如果按照他的脚印做布袋，就不会再因为小而穿不进了。素雀挑回水，赶忙取来石刀，在黄帝留下的脚印

四周的湿泥土上划了四方格，晒干后，取回家，放在石板上，按其尺寸做成了一双软木为底、麻布作帮的类似于今天高筒靴子一样的鞋。素雀兴高采烈地将靴子拿给黄帝试穿，不大不小正合脚，黄帝觉得非常满意，素雀也开心极了。人类历史上的第一双高筒靴子就这样出现了。黄帝十分珍视这双靴子，轻易不舍得拿出来穿，只有逢年过节或是重大场合才会穿上它参加。

后来黄帝乘龙飞升时，他的臣民们将带有黄帝脚印的青石板藏在黄帝东宫。近代之后，这块青石板才被转移到轩辕庙里，并一直保存到今天。

（三）九转祈仙台

据传，大汉王朝的第二代国君汉武帝刘彻，一心想当神仙。由于他在抗击匈奴、打通西域和开拓丝绸之路上立下了汗马功劳，玉帝和天庭诸多神仙在商讨决议过多次后，准备点化其成仙。但因为他想得道成仙的心情太过急迫，最终反倒适得其反。

元封元年十月初，汉武帝率领十八万大军北上，巡视边关，声震匈奴。在他返回长安的途中经过阳周郡桥山时，为了祭拜黄帝，竟然在黄陵的正对面，派人修筑了一座比黄帝陵还要高出近一半的"九转祈仙台"（后人也称其为"汉武仙台"）。他的这一举动，深深触怒了天庭上下的众仙。以玉帝为首的诸仙都认为汉武帝太过嚣张放肆，竟然连自己的先祖都不放在眼中，让这样狂妄自大的人成仙，又怎能服众呢？盛怒之下的玉帝朱笔一挥，就将汉武帝盼望已久的仙籍给勾掉了。汉武帝梦中得知此事后，甚为不平，几日几夜都没有合眼。于是他便以大汉天子的名义写信质问玉帝。玉帝读罢，很快回复了汉武帝一封信，信中这样写道："你刘彻，十六岁即位登基当上皇帝，一心只想得道成仙，为此做出很多为天下人所不齿的蠢事，甚至连自己的亲生女儿也被方士栾大所骗。栾大的骗术暴露之后，你不顾翁婿之情，一怒之下将其处决，给女儿造成丧夫之痛。此后不久，你又遭到方士公孙卿这个大骗子的蛊惑。此前种种，本宫念在你之前尚立下许多汗马功劳，不同你计较。哪曾想到你为了李陵之事，又给司马迁施以'宫刑'，妄图置其于死地，但他为了完成父亲未竟的遗愿，忍辱负重，终于坚持完成了《史记》，给后代留下了一部恢弘的杰作。即便如此，你还是不放过司马迁，四处派人搜查《史记》的原稿，并下令加以焚毁，幸亏此书最终保存下来，并得以面世。作为一国之君，你竟然如此残酷无情，气量如此之小，同时你狂妄自大，无视先祖，擅自修筑的祈仙台居然高过了黄帝陵。你的所作所为早已让你失去列入仙班的资格，更不要再妄想能够乘龙升天！"玉帝将信写好之后交给九天玄女，命其趁武帝病中熟睡之际，把信悄悄地放在他的枕边。汉武帝醒来看到这封信，懊悔不已，叹道："唉！早知今日，何必当初呢，看来现在是说什么都晚了！无论是平民布衣还是一朝天子，事情做得太过了都是不会得到好结果的。"说完他就瞑目而逝了。后来有个叫寇绍光的封建文人曾经这样写过："满山翠柏望桥陵，上有仙台垒九层。夜夜唯留明月照，年年只见白云兴。何事汉宫生异念，登高筑眺盼飞升。"由此看来，诗人对于汉武帝异想天开的狂妄举动和祈求得道升天的幻想是相当不满意的。当初汉武帝对得道成仙的痴迷如今早已沦为笑柄，倒是他当年在黄帝陵前面修筑的九转祈仙台，为后代人提供了拜祭祖先的好场所。

（四）"挂甲柏"

相传在汉武帝修筑九转祈仙台的第二个早晨，祥云笼罩着东升的旭日，武帝见状，当即令手下十八万大军于桥山列队叩首。同时武帝卸下身上的盔甲，并随手将其挂在附近的一棵柏树上，而后一个人登上祈仙台，祈祷黄帝能够保佑其长生不老、得道成仙；也求黄帝保佑他的大汉江山能够世代兴盛，永远太平。拜祭完毕，当天他便率众返回长安。这就是人们后来所讲的"十八万大军祭黄陵"。

当年汉武帝挂过盔甲的柏树，全身上下，密布着瘢痕，交错纵横，渗出汁液，这就是桥山上独一无二的"挂甲柏"。更为独特的是，在每年的清明节前，这棵挂过汉武帝盔甲的柏树干上溢出的柏树液都会凝结为球状，就像是挂满了珍珠和钻石，在阳光的照射下闪闪发光，发出璀璨的光芒，吸引着世界各地前来

拜谒黄陵的人。然而一过清明节，汁液就会自然中断，柏树又从枝到干恢复了原来密密麻麻的盔甲痕迹。

（五）下马祭莫

在桥山山顶距离黄陵二百米远的路旁，立着一座长形石碑。上面写有"文武官员至此下马"八个字。在我国古代，不管是文官武官还是大官小官，到此都必须下马。这个规定充分体现了炎黄子孙对于先祖黄帝的崇敬。直到今天，即使当时的马车早已被各式各样的汽车所取代，人们仍然不约而同地遵守着这个代代流传下来的规定，到此都主动停车，并下车步行到黄帝陵来瞻仰拜祭。

相传有个叫史可霍的知府的儿子，好吃懒做，不务正业，经常骑马射箭，偷鸡摸狗，调戏民女，使得乡民敢怒不敢言，怨声载道，因此，大家给他起了个贴切的外号——"死可恶"。有一年，"死可恶"带着一帮恶奴到桥山来打猎，刚好一群梅花鹿逃奔到桥山顶上的柏树林后躲藏起来。"死可恶"冲进了黄帝的陵园区，与其手下的打手射了一通乱箭，使得鹿群四散而逃。看守陵园的姬老童，虽然已经年过六旬，却手脚利落，功夫过人。他看见有人骑马闯进陵园并肆无忌惮箭射鹿群，便上前大喝一声，道："哪里狂徒如此无礼，竟敢在黄帝陵园里捕杀鹿群，做伤天害理之事！"说着，一个箭步向前，抓住马的缰绳就不撒手。"死可恶"见来者只是个糟老头，在马上冷笑一声说："大爷我名叫史可霍，史知府就是我的亲爹，我就要在这里射鹿打猎，看谁敢阻拦！"这番话一出口便惹恼了姬老童，他回手一拳就将"死可恶"打下马来。穷凶极恶的"死可恶"被打翻在地后妄图还手，从地上爬起来，扑向姬老童。姬老童左腿只是轻轻一扫，"死可恶"又跌了个"猪啃地"，把两颗门牙都磕掉了。而后姬老童又连踢了两脚，把"死可恶"踢得连哭带叫，跪在地上不断求饶。见姬老童没有再出手，"死可恶"连忙爬起，牵马下山。随行的恶奴们也都灰溜溜地跟着走了，从此不敢再肆意寻衅滋事。

再说，史知府听说儿子史可霍被打，还磕掉了两颗门牙，哪里肯善罢甘休，他立即写信要求中部县令严加惩办姬老童。中部县令名叫包步平，是秀才出身，非常有学问，因为为人刚直不阿，为官又清廉公正，被人称作"包不平"。他看到史知府的信后，冷笑一声，随即提笔写道："黄帝功德厚，子孙岂敢忘。纵子作恶端，骑马闯陵园。祖先未降罪，史府欺县官。轩辕英灵在，吾来把案断。"

包步平并没有因为史知府位高权重的压力就屈服于恶势力，他连夜给泰定帝写了一份奏章，连同史知府写给他的信件，一并呈报给圣上请求严加查处。泰定帝读罢他的奏章，十分生气，立即降旨将史知府革职，并且下诏命包步平严办史可霍，同时赐给中部县令三项特权：一、对破坏黄帝陵园的林木、建筑等的一切歹徒，查明事实后不必上报，县令有权将其就地正法；二、如有紧急公事，县令可越级直接上书皇帝；三、凡巡抚以下官员前来祭黄陵，县令不再出城迎送。泰定帝怕他的圣旨在地方执行不力，又于泰定二年，亲自颁发了保护黄帝陵、庙的法令，法令中这样规定道："不畏公法之人，又有玩徒之辈，泼皮歹人。损坏树林建筑，如有违犯之人，许诸人捉拿到官，痛行断罪……"直到今天，这座石碑仍然完好无缺地保存在轩辕庙碑林里。到了明太祖洪武年间，皇帝朱元璋又沿用了元朝泰定帝的规定：把中部县令由七品官升至五品官，以便处理一些来不及上报的案件。此外，又在桥山顶上专门立了"文武官员至此下马"的石碑，以便提醒前来谒陵拜祖的人，在祖先陵前一定要保持庄严肃穆，不得儿戏视之。

（六）指纹章印

我国人民长期以来一直保留着这样一种习惯——为了慎重起见，在办理一些重要事情的时候，都要事先写好一张条子，再按上一个手指印作为凭证。为什么要这么做呢？因为人体的任何部位都可以改变，唯有指印无法改变。人和人的指纹没有完全相同的，这已经被现代科学所充分证实了，因此警方常常可以通过提取罪犯的指纹来破获一起起大案要案。据传，人类用指纹作凭证，也已经有五千年的历史了。追溯起来，还是轩辕黄帝最先发明的，而这恰恰从一个侧面证明了古代劳动人民的智慧，我们不但应该为此感到骄傲自豪，更应该学习这种

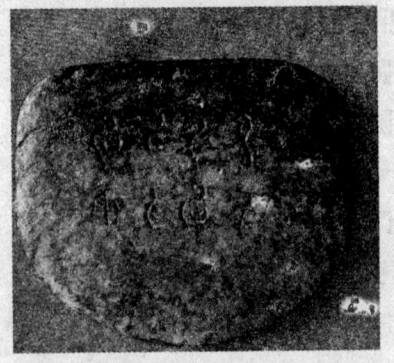

发明创造的精神。

传说自从仓颉创造了象形字以后，人们传送书信，下达命令，都开始使用这种象形文字。有一次，黄帝手下的应龙领兵和蚩尤军队作战时，抓回了五名俘虏。应龙上书黄帝问该如何处理。黄帝看后，要仓颉写信命应龙给俘虏讲清道理后即可放其回去。谁知，这封信应龙没有收到，却落到了应龙手下一名叫蛮角的小头目手里。蛮角从前是蚩尤的部下，在蚩尤杀害了他的全家后，他就带着对蚩尤的深仇大恨投奔了轩辕黄帝，并随时准备报仇。当他看到黄帝在信上下令放回五名俘虏时，却怎么也想不通。于是便乘周围无人，偷偷地把"全部放回"四个字，改成了"全部处死"，然后把信交给了上司应龙。不等应龙下令，他就带着十几个人偷偷把五名俘虏全部砍死了。黄帝知道这件事后，命令仓颉严厉查处此事。仓颉得知后严肃地质问应龙："黄帝命你全部放回俘虏，你为何要全部处死?黄帝的话，你居然不听?"应龙受到仓颉这番训斥，莫名其妙，立即找出仓颉写的信说："你看看，这上边不是明明写着'全部处死'吗?怎么现在又责备起我来了!"仓颉接过信详细地查看了一遍后，终于发现他写的信被人涂改过。便立刻追查送信的人。送信的人说他把信交给蛮角了。当追究到蛮角时，蛮角却矢口否认，并一口咬定自己一接到信，就马不停蹄地给应龙送去了。就这样追来追去，却还是追不出个所以然来。仓颉回来向黄帝汇报了追查结果。黄帝听后，沉思了很久，然后对仓颉说："没有可靠的凭据，谁也不会承认。看来，今后传送书信，下达命令，还得另想办法，不然，还会出更大的乱子。"过了不久，仓颉终于给黄帝想出这样一个办法：以后凡是黄帝下达的任何命令，上面都要印有黄帝的手模和脚印。可是这样时间一长，黄帝觉得老是这样按脚印、按手模也不是个办法，既麻烦，又不文明，便和仓颉商议，又把"手模脚印"改为只压一个指印。哪知道，过了不久，问题又出现了，一个名叫石牛的人伪造了一张纸条，他还仿照黄帝的做法，按上自己的指印，来到仓库，冒领了十张虎皮。事情暴露后，黄帝又命令仓颉前去查处。

这一次真被查出来了。原来，石牛按在领条上的指纹和黄帝的指纹根本不一样。仓颉又叫来好几个人，让他们把各自的指印按在一张桦树皮上，仔细一看，与领条上的指纹都不相同，唯有石牛的指纹和领条上的一模一样。石牛在事实面前，不得不承认是自己冒领了十张虎皮。 这时，风后走来对仓颉和黄帝说："看来还得再想想办法。"机智多谋的风后，当年曾给黄帝发明了指南车，而此时，他从怀里取出了一块拳头大的雪白玉石递给仓颉说："把这个东西磨成四方块，然后把黄帝的指纹放大，用刀刻在上面。今后不论下达什么命令，先把玉石印往上一盖，让黄帝过目后，如果同意，再把自己的指印按在玉石印旁边。这样的印件，就不会再被人伪造了。谁要是敢伪造和涂改，也能很快查明事实了。"黄帝采纳了风后的意见，派仓颉去制作玉石印。从此以后，再没有发生过伪造信件和假传命令的事情。指纹和章印也一直沿用到现在。传说黄帝升天后，这颗玉石大印被埋在轩辕庙对面的山上。从此，这座山便取名为印台山。因此当地人经常说："黄陵有座印台山，黄帝玉印藏里边；对面就是轩辕庙，山前有条沮河川。"

（七） 伶伦定律

位于黄帝陵东侧的凤岭，是黄陵县八景之一。素有"桥山月夜聚风光，凤岭春烟绕八方"之称。相传凤岭是凤凰停落的地方。当年黄帝命伶伦作乐律，伶伦取懈谷之竹，先用其中厚薄均匀的做成竹管。刚开始，吹出来的音调没有阴阳之分，根本不成调律。人们便纷纷讽刺伶伦说："你吹的那个破竹管，不听则罢，一听不光是人，就连野兽都被吓得四散而逃了！"有一次黄帝正在练习骑马，刚跨上马背，忽然传来伶伦吹竹管发出的怪叫声。黄帝所骑的马听到这种怪音，立即吓得四蹄腾空，仰头嘶鸣，把黄帝从马背上摔翻下来。伶伦赶快跑过去把黄帝扶起来，黄帝对伶伦说："你制的这个小竹管能惊到我的马，很不简单啊，将来一定能够吹出更好听的音律来。"伶伦听到黄帝鼓励的话语，惭

愧地对黄帝说："我花了整整三年的时间都没有作成音律，这已经是很大的罪过了，黄帝不仅不责备我，还这样鼓励我，实在是令我感到羞愧啊！"黄帝听后说："话也不能这么说，一根普普通通的竹管，上面只是钻了几个小孔，就能吹响发出声音，这就是你的创造和功

劳，又怎能说是'罪过'呢？"说完，牵马走了。

在黄帝的鼓励下，伶伦更加信心百倍，整天苦练，但仍然吹不出和谐的音调来。有一天，伶伦独自一人来到凤岭，躺在一块石头上冥思苦想，不知不觉睡着了。当他睡得正香时，忽然被树上一阵美妙的鸟鸣声唤醒。伶伦马上坐起来揉了揉眼睛，仰头一看，只见树上有两只羽毛美丽、体形优美的鸟在鸣叫，声音婉转悠扬，十分动听，伶伦睁大双眼，细心倾听，而且情不自禁地拿起自制的竹管，模仿鸟的叫声吹了起来，正吹得起劲时，两只鸟突然停止了鸣叫，展翅飞走了。伶伦急得又是跺脚，又是招手。可是，鸟已经飞得无影无踪了。伶伦回去后立即将这件事报告给黄帝，又把他学来的半生不熟的鸟叫声断断续续地给黄帝吹了一遍。黄帝听后十分高兴地说："这种鸟叫凤凰，是鸟中之王。桥国能招来凤凰，这不正是吉祥的征兆吗？"从此，伶伦便把凤凰停息过的地方叫做"凤岭"。伶伦每天来到凤岭，坐在一块大石头上，专等凤凰来鸣叫。果然，凤岭树林里不断有凤凰栖落。不过，落在这里的凤凰，不一定都鸣叫。伶伦经过长时间观察发现，在鸣叫的凤凰中，凤和凰的鸣叫声音并不相同，是有细微差异的。凤的鸣叫激情昂扬，凰的鸣叫柔和悠长。而每对凤凰栖落后，每次都各自鸣叫六声，然后，再连声合叫一遍，就飞走了。伶伦根据凤凰鸣叫的声调，又经过长时间的揣摩和推敲后，终于创制出音乐上的十二音律，受到了黄帝的赞扬。在此之后，伶伦还把各种飞禽走兽的叫声都一一记录了下来，用来不断丰富他所创制的音律。比如用播鼓可以表现马奔跑的蹄声；用口哨可以表现各种鸟啼声。由此有人说，现代音乐用的简谱符号1234567，最早就起源于中华民族，而其来源正是伶伦当时模仿鸟兽鸣叫声所制定的音律，只不过那时的音符不像今天这样复杂罢了。

（八）暖泉来历

上山砍柴、下河担水是生活中最基本不过的常识。可是，在陕西省黄陵县的桥山，人们吃水必须上山担，这是因为泉水都在山上。传说这还是黄帝和龙

黄帝陵

王当初给桥山人民带来的恩惠。

在轩辕庙的对面，有条名叫暖泉沟小山沟。当年这条小山沟人烟稀少，并且没有名字，自从黄帝定居桥国以后，沟里才住上了人，人口也日渐增多，发展得很快。这条沟只有在半山腰有一池的泉水。那时部落联盟的首领和附近的原始居民，都要常年吃用这里的泉水。有一年，黄帝的正妃嫘祖因为常年养蚕、抽丝、织布、制作衣服，劳累过度，终于卧床不起。人在病中不免产生浓浓的思乡之情。嫘祖是西陵人，因而她很想再次喝到自己家乡的泉水，因为那里的泉水清澈、甘美、喝了不仅能解渴，还能够提神。这可把伺候嫘祖的人给为难坏了。从白水步行到桥国，往返一次最快也得四天四夜。但为了不使嫘祖失望，黄帝派应龙带上尖底瓶到白水取泉水。这个消息不知怎么就被桥国的百姓们知道了，他们决心要尽一切努力把白水的泉水引到桥国，让在病中的嫘祖能够如愿以偿喝到家乡的泉水。经过商议决策后，大家决定在桥国和白水之间开凿一条水渠，把白水的泉水引到桥国。百姓们瞒着黄帝，不分男女老幼，都自愿投入了开渠的劳动工作中。后来，这件事情感动了龙王，他知道嫘祖是因为养蚕为民造福才积劳成疾，桥国百姓都很感激和爱戴她，便专为她开渠引水。

可是，这么长的一条水渠，要到什么时候能完全开通呢？为了帮助桥国百姓早日实现开渠引水的愿望，龙王用自己尖利的爪一划，就把白水到桥国的地下水渠开通了。可是当时谁也不知道这个秘密。应龙从白水把泉水取回后，嫘祖只喝了一瓶，病情就很快好转了。剩下的另一瓶白水泉水，嫘祖让应龙倒进桥国半山上的泉水里去。从这以后，桥国泉水的味道也变得和白水泉水一模一样了。更令人感到惊奇的是，桥国泉水不但日夜涌流，而且还变得冬暖夏凉。因此人们把它称作"暖泉"。这就是暖泉的来历。

传说又经过了很多个朝代后，这里出了一个大恶霸，名叫艾半川。他仗着

自己有钱有势，就把沮河川的川地全部霸占了，不仅如此，他还把沮河川里的百姓统统赶上了山。就这样，他仍然不满足，把暖泉水也都强占了，艾家全家老小，平时吃暖泉水，冬天还用暖泉水洗澡，其他百姓如果偷汲暖泉水被艾半川发现，就会被活活打死。居住在山上的百姓常年吃不到泉水，对艾半川恨之入骨，却也没有办法治

他。时间一长，此事不知怎么传到玉皇大帝的耳朵里，于是玉帝便派陈抟老祖下凡查询。陈抟老祖经过一番明察暗访之后，回到天宫向玉皇大帝禀告说："艾半川果然是作恶多端。不但逼迫百姓上山种地，还霸占了当年龙王给桥山百姓开通的暖泉。"玉帝听

闻后勃然大怒，连夜降旨让龙王把暖泉水调向山山峁峁、沟沟岔岔，以供桥山的百姓饮用。龙王早就对艾半川的恶霸行为不满，见玉帝又降下旨意，便立即截断暖泉的水源，把水调给周围三十里以内的山峁沟岔，因而就出现了史册上均有所记载的阳武泉、普照泉、上善泉、一线泉、车移泉、寒泉、滴珠泉、柳窟泉和寒酒泉等名泉。从此，黄陵县的山峁沟岔都有了泉水，既可以灌溉山地，又能够供人畜饮用。暖泉水干涸后，艾半川全家只好靠川道河流里的污泥浊水生活。不到半年，全家老小都因吃了脏水患不治之症而相继去世了。当年被艾半川赶上山的百姓，又都纷纷搬回山下居住，耕种河川土地，修建新住宅，从此又过上了丰衣足食的日子。但山上的那些泉水却无法搬迁。因此，桥山的百姓想要吃泉水还得上山去担。

（九）沮河来历

黄帝陵的桥山脚下，有一条河流，名叫沮河。传说这条河原名叫"祖河"。轩辕黄帝定居在桥山后，把这里起名叫"桥国"。先民们都居住在桥山半坡的山腰上，吃着祖河水，日子过得也自由自在。

黄帝活到一百一十岁时，自感身体不佳，经常生病。玉皇大帝几乎每晚都给他托梦，叫他做好准备，天宫选了一个黄道吉日，准备派巨龙飞下凡间接他回天宫歇息。黄帝虽然忙于在荆山铸鼎，但还是先后两次回桥国给自己选择了坟地，最后，坟址就定在了桥山之巅。

公元前5000年的农历九月九日，按伏羲氏创立"八卦"定位之说，以阳爻为九，两九相重，故名"重阳"。这是一年三百六十五天最好的季节。秋高气爽，阳光明媚，果实累累，丰收在望。黄帝在这一天就要被召回天宫。当巨龙降落桥山，群臣和百姓依依不舍，哭声惊天动地。整个桥山拥满了先民。有的

扯住黄帝衣裳，有的捉住黄帝的靴子，有的捉着巨龙的胡须，谁也不想让黄帝离开人间。百姓的眼泪浸湿了地面，地上起了泪水浪，哗哗地从桥山之巅流淌下来，全部流入了"祖河"。然而，时辰已到，巨龙腾空而起，黄帝升天去了。

从此以后，祖河水年年水量丰沛，清澈透明，人吃了不生百病，浇过的地年年五谷丰登。有位名叫姜尚的人，每天晚上都要到祖河去洗脸。据说，用祖河水洗过脸的人，不仅不生眼病，面貌也永远是年轻的。有个名叫扑信的人，平时不务正业，游手好闲，好吃懒做。有一年冬天，天气特别寒冷。祖河水全部封冻了。扑信半夜赌钱回来，路过祖河，发现姜尚打开冰窟窿正在洗脸，越洗越痛快，扑信也听人说过，用祖河水洗脸能治百病。等姜尚洗完脸走了以后，扑信也悄悄蹲在冰窟窿旁边，只用祖河水洗了几下脸，就觉得水太冰，起身走了。第二天晚上，扑信又来赌场，宝官正在摇宝，押的单双宝。宝官一摇色子碗，扑信用祖河水洗过的那只眼睛，一下子就看透了宝碗中的色子是单还是双。这天晚上，扑信押单就是单，押双就是双。每宝都赢，从未输过一回。所有赌博的人都敬佩扑信押得准，走红运，岂不知，扑信用祖河水洗过那只眼睛已具有了神力。扑信发誓不告诉任何人这个秘密。结果，每逢赌场，扑信总是大把大把往回赢钱，由一个穷困潦倒的叫花子，变成了一个大财主。扑信娶了几妻几妾还不满足，竟然在光天化日之下，抢了看守桥山陵园的青山老人的女儿燕青。这下可触怒了天宫王母娘娘。她命九天玄女摘下头上两根金簪，刺瞎了扑信两只眼睛。从此以后，扑信再也不能赌博了，只能靠着他原来赢来的家业变卖度日。他平时拄着拐杖，逢人就说：祖河水是神水，是黄帝先民的眼泪变的，千万不能弄脏它。不然，老天要降罪的。

郦道元在写《水经注》时，考虑到"祖河"既然是黄帝先民眼泪形成的，不如改为"泪河"。后来又吸取了其他学者的建议，觉得"祖"字不雅，把祖字取掉"示"旁，加了个三滴水，变成"沮"字，这样既代表了先民们的眼泪，又代表了"祖河"。

（十）沮水酿酒

龙宴酒是陕西黄陵县店头镇出产的名酒，最早名叫"龙涎酒"，传说是用龙的涎水酿造而成的。

相传，杜康因霉坏粮食而被贬职，后来因为酿酒有功，黄帝又恢复了他的职位，让他继续当管理粮食的大臣。杜康在酿酒技术上年年都有改进，酒的质量也越来越高。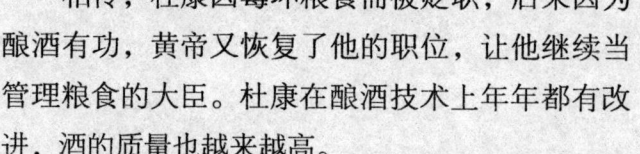

有一年风调雨顺，五谷丰登，各部落的山洞里都堆满了粮食，男女老幼都穿上了新衣，过上了丰衣足食的好日子。这年又是黄帝统一三大部落、建立部落联盟五十年大庆，于是黄帝举行盛大的宴会，请来了各部落的首领。各个部落也给黄帝带来了许多礼品。宴会开始了，黄帝命杜康向每人敬一碗酒，人们也向黄帝敬酒，然后又相互敬酒。

宴会厅里充满了欢声笑语，热闹非常。正在这时，一条巨龙突然从天而降，把头伸到宴会厅的大酒坛上，闻来闻去，但坛口太小了，龙嘴怎么也伸不进去，馋得嘴里的涎水不断掉进酒坛里。当时大家都被吓得目瞪口呆，只有黄帝不慌不忙地走到巨龙跟前，把酒坛里的酒倒进一只大碗里，然后把酒碗送到巨龙嘴边，巨龙一饮而尽。等黄帝再倒第二碗酒时，巨龙早已经腾空而起，转瞬间便飞得无踪无影了。人们眼看着巨龙离去才松了口气，又回到各自的座位。黄帝又命杜康给大家敬第二轮酒。谁知，杜康刚走到酒坛跟前，还未来得及取酒，一股浓郁的酒香便扑鼻而来，差一点把他也给醉倒了。杜康忙把酒缸里的酒倒出来，给每人敬了一杯酒，大家只喝了一小口，就觉得浑身舒畅，飘飘欲仙，忙问杜康："这酒怎么一下子变得这么香了？"杜康虽然不知道，但心想这一定是巨龙的涎水滴进酒坛所致。据说龙是不轻易流涎水的，人若喝了龙涎水能延年益寿，长命百岁。因此，他趁人们不注意时，从滴有龙涎水的酒坛里打出一碗酒，倒进另一只酒坛内，然后让人把滴有龙涎水的这坛酒赶快抬下去。说也奇怪，留下来的这坛酒掺过一碗龙涎水后，味道也变得和刚才抬下去的那坛龙涎水酒一模一样。人们越喝越想喝，黄帝准许大家开怀畅饮，一大坛酒很快就被喝光了。宴会结束后，杜康派专人保管那坛龙涎水酒，不许任何人动用。当他每次酿出新酒时便往新酒里掺进三滴龙涎水酒。新酒的味道立刻变得浓郁甘醇、飘香醉人了。从此，杜康的"龙涎酒"名气越来越大。

传说杜康有个好朋友叫刘伶，平生最爱喝酒，听说杜康酿出好酒，就专程前来拜访。不巧杜康这天正好不在家。刘伶来到杜康酿酒的地方，还未进门，就看见墙上写有一首诗：

　　量大一碗醉三年，

　　量小一盅睡三天；

　　猛虎一杯山中醉，

　　蛟龙两盏海底眠。

最后还加了一句："谁若不信试试看!"

刘伶哼了一声，不以为然地说："好大的口气!天下谁不知我刘伶的酒量。往东喝垮东海岸，往西喝倒峨眉山，往南喝到云南地，往北喝到塞外边。东西南北都喝遍，也没把我醉半天。"进了门，他开口就要一碗酒。小主人说："这酒只能喝一盅，不能喝一碗，一碗酒会把人醉死的。"刘伶看了墙上诗，本来就很恼火，再一听此话，更是火冒三丈，便气冲冲地说："少口唆，快打碗酒来!"小主人见来客气势汹汹，不敢怠慢，赶快打了一碗龙涎酒，双手递了过去。刘伶接过酒，只觉得浓香扑鼻，便一饮而尽。哪知碗刚放下，就觉得头昏目眩，双腿不听使唤，扑通一声，跌倒在地，已经醉得不省人事了。小主人吓得手忙脚乱，不知所措。正在这时，杜康回来了，见到醉倒的刘伶躺在地上，不禁哈哈大笑说："你小子经常口出狂言，今天只喝我一碗酒就醉成了这个样子!"杜康让人找来四块木板，临时给刘伶做了副棺材，把刘伶埋到了后院的酒糟堆里。

　　三年以后，刘伶的妻子打听出丈夫是喝了杜康的龙涎酒，当场死去的，这天便找上门来向杜康要人。杜康对刘伶的妻子哈哈一笑说："老嫂子，别发怒。刘兄没有真死，他只是喝醉了。"

　　说着，杜康掐指一算，刘伶正好是三年前的这一天醉过去的，便把刘伶的妻子领到后院，刨开酒糟堆掀开棺材盖看一看，只见刘伶红光满面，躺在棺材里睡得正香。杜康拍了拍他的肩膀说："老兄，该醒来了!老嫂子等了三年，已经等得不耐烦了。"刘伶睁开双眼，打了个哈欠，慢慢地坐了起来。妻子赶快上前把他从棺材里扶了出来。杜康在一旁笑着说："你再不醒来，老嫂子就要和我拼命了!"刘伶不好意思地摆了摆手，就和妻子一同回家去了。从此，"杜康造酒醉刘伶"的故事就成为后世的美谈。

也有传说说杜康和刘伶后来都成了酒仙，远走高飞了。但杜康的酿酒技术和配方却在河南、山东、陕西一带流传下来。三国时期，魏武帝曹操在他《短歌行》一诗中写道："慨当以慷，忧思难忘；何以解忧，唯有杜康。"可见杜康酿酒名气之大。据说以后各朝代都将杜康的"龙涎酒"封为"龙宴酒"，只有在皇帝举行国宴的时候才允许动用。现在黄陵县生产的"龙宴酒"，据说就是根据民间流传的杜康酿酒的原配方加上现代的技术酿制而成，仍然保持了香美甘醇的特色。

（十一）拐角井水

有一次，黄帝和蚩尤发生了战争。蚩尤施展了惯用的迷雾阵。霎时间天地昏暗，分不清方向，军队更是无法前进。黄帝命应龙、力牧立即照着指南车所指方向迅速撤退。全军战士马不停蹄，翻山越岭，逃出迷雾阵，来到西龙山下(今黄陵店头川)。这时，正逢盛夏，毒辣的阳光之下，人人头上都像顶着一盆火。战士又渴、又饿、又累，兵乏马困，有人甚至还昏倒在地。应龙和力牧率兵来到拐角山下，命令士兵在原地休息，黄帝也随后赶到。可是苦于没有水，士兵们人人口干舌燥，到处找水。

有的士兵用石刀就地挖水，有的士兵用石斧到处砍石头寻水。可是水仍然没有找到。黄帝也急得团团转。应龙、力牧都劝黄帝坐下歇息，他们另想办法。一个又一个时辰过去了，可是水仍然没有找到。黄帝刚坐下，却呼地站了起来，他觉得刚才坐的这块石头特别凉，周身的汗水霎时间全消失了，反而冷得浑身打颤。黄帝弯下腰要将这块大石头搬起。谁料，石头刚刚搬开一条缝，一股清澈透明的泉水就从石头缝里冒出来，哗哗哗流个不停。黄帝大喊："有水了!"士兵一听有水了，赶忙前来帮助黄帝将这块石头搬开，水流更大了。士兵不顾一切，有的用双手盛水喝，有的就地趴在地上喝起来。水越流越大，很快就解了全军战士的口渴。军队不仅喝足了水，解了渴，而且觉得肚子也像吃饱了一样。

这时，突然又传来了军情紧急报告，说是蚩尤军队又追来了。敌人来势凶猛，看样子要和黄帝军队在西龙山下决一死战。黄帝问明了战事情况，命令应龙、力牧重新集合军队，把蚩尤军队引向东川，那里没有水源。黄帝和风后亲自带领了一支精锐军队，截断蚩尤军队的退路。应龙和力牧对蚩尤军队采取边打边退，诱敌深入的战法，将敌人引进东川。这时正当中午，火毒的太阳，晒得遍地生烟，扬起的尘土就像火星乱溅。蚩尤军队汗流浃背，咽喉就像冒火一般，又渴又饿，早已失去战斗力。而黄帝的军队由于喝足了拐角山下泉水，又觉得像吃饱了饭，人人精神焕发，个个斗志昂扬。两军交战，不到一个时辰，蚩尤军队就溃不成军，纷纷倒下。蚩尤发现形势不利，即命军队后退，企图逃跑。谁知，黄帝早已带兵断了他的退路。激战不到两个时辰，除了蚩尤带走的少数军队外，蚩尤余部全军覆没。

为了纪念这次胜利，黄帝命仓颉把西龙拐角山下这股泉水命名"救军水"。

相传，不知又过了多少年，发生了一次大地震，"救军水"一下子断流了，百姓都觉得奇怪。人们奔走相告，有人还求神打卦。唯有酿酒的大臣——杜康，整天趴在"救军水"泉边，面对干涸的水泉，号啕大哭。人们不解地问："你整天在这里哭什么?"杜康才告诉人们说："拐角山下的'救军水'，酿出来的酒不光是好喝，还能治病。现在水源断了，从哪里再寻找这么好的水酿酒呀!"黄帝知道此事，也觉得这是一大损失。最后，只好请来挖井能手——伯益。伯益问明了情况，对黄帝说："经过这次大地震，水源很可能从地下走了。"他主张在原地挖一口井，或许能找见"救军水"。黄帝也赞同伯益的说法，于是就地挖井。果然，经过一个多月时间，井里出水了。人们吃后，都说不愧是"救军水"的味道，甘甜味美。杜康又用此水酿酒，酿出来的酒比原来的味道更好，气味更香。在伯益提议下，黄帝同意把这口井命名为"拐角井"。

据说，杜康就是用"拐角井"的水酿出的酒，才把刘伶醉倒。千百年来，流传在当地的民谣说："店头有眼拐角井，井水可当烧酒饮;杜康用它醉刘伶，黄帝用它敬功臣。先民用它祭天地，拐角井水有神通。"轩辕酒过去远销陕甘宁，近销关中，1992年还在香港博览会上获得银质奖。

三、轩辕黄帝其人

黄帝同炎帝并称为中华民族的始祖，是华夏部落联盟的领袖。黄帝因首先统一中华民族的伟绩而载入史册。他播种百谷草木，大力发展生产，创造文字，始制衣冠，建造舟车，发明指南车，定算数，制音律，创医学等，是开创中华民族古代文明的先祖。黄帝因此成为传说中远古时代华夏民族的共主，也成为了五帝之首。

黄帝的诞辰是农历三月初三，即上巳节，是汉族在水边饮宴、郊外游春的节日。中国自古有"二月二，龙抬头；三月三，生轩辕"的说法。

《史记·五帝本纪》记载："黄帝者，少典之子，姓公孙，名轩辕，黄帝居于轩辕之丘。"

大多数史学家认为，公元前 4856 年，在今河南新郑有个以龙为图腾的国家有熊国，君主名曰少典氏。他是伏羲帝和女娲帝直系的第七十七帝，也是黄帝的父亲。而黄帝就出生在有熊国的宫殿里（今河南新郑市北关轩辕丘）。

关于黄帝和他后妃的传说也有很多，但最有名的是黄帝和嫘祖的故事。

相传有一个春天，一位少女在桑园养蚕时，遇到黄帝。黄帝看到在她的身上穿着一件金色彩衣，闪着柔和的金光，地面上堆着一堆蚕茧。黄帝就问少女身上穿的是什么，少女就说了植桑养蚕、缫丝织绸的道理。黄帝听后，想起人们还在过着夏披树叶、冬穿兽皮，一年四季衣不蔽体的生活，感到这是一项大的发明，能让人民穿衣御寒。于是，他就与这位少女结为夫妻，让她向百姓传授育桑养蚕的技术。这位少女就是黄帝的正妃嫘祖。

黄帝封嫘祖为正妃之后，嫘祖就组织一大批女子上山育桑养蚕织丝。但很快又遇到了一个大难题，蚕养了很多，茧也产了不少，但抽丝和织帛却有了困难。就在这时，群女中有一个身材矮小、皮肤黝黑、面部丑陋的女子发明了缠丝的纺轮和织丝的织机。黄帝得知后，对此项发明大加赞赏，让她向众人传授技艺。后来在嫘祖的撮合下，黄帝娶了这位丑女，作为次妃，这位次妃被后人

黄帝陵

尊称为嫫母。

但据史料记载，黄帝除了正妃嫘祖，次妃嫫母外，还有两个次妃，她们分别是方雷氏和彤鱼氏。而在这四妃之外还有十嫔。

也有史书说黄帝有四妃十嫔。正妃为西陵氏，名嫘祖，她亲自栽桑养蚕，

教民纺织，人称她为"先蚕"；次妃为方雷氏，名女节；又有次妃为彤鱼氏；最次妃名嫫母，长相丑陋，但德行高尚，深受黄帝的敬重。黄帝有二十五个儿子，其中十四人被分封得姓。这十四人共得到十二个姓，分别是：姬、酉、祁、己、滕、葴、任、荀、僖、佶、儇、衣。

其实黄帝一开始也只是普通人，后世才逐渐开始对黄帝进行神化。《庄子》中提到黄帝得道成仙，《列仙传》中的黄帝甚至能够驱使群仙。

四、黄帝传说

黄帝，姓公孙，名轩辕，出生于母系氏族社会。司马迁在《史记》里对黄帝是这样描写的："生而神灵，弱而能言，幼而徇齐，长而敦敏，成而聪明。"可见，黄帝从出生到成长就不是一般人物。他十五岁就被百姓拥戴当上轩辕酋长，三十七岁登上天子位。黄帝一生最重大的贡献就在于历经五十三战，统一了三大部落，建立起世界上第一个有共主的国家，成为中华民族第一帝。人类文明从此开始了。所以后世人都尊称轩辕黄帝是"人文初祖""文明之祖"。

相传轩辕黄帝的母亲叫附宝。传说有一天晚上，附宝见一道电光环绕着一颗星星。随即，那颗星就掉落了下来，附宝由此感应而孕。怀胎二十四个月后，生下一个男婴，这就是后来的黄帝。黄帝长大后继承了有熊国君的王位。因他发明了轩冕，故称之为轩辕。又因他以土德称王，土色为黄，故称作黄帝。

相传黄帝即位的时候，有蚩尤兄弟八十一人，号称是神带的后裔。这八十一人全都是兽身人面，铜头铁额，不吃五谷，只吃河石。他们不服从黄帝的命令，残害黎庶，滥杀无辜。又制造兵器与黄帝为敌。黄帝遂顺民意，征召各路诸侯兵马讨伐蚩尤。历经数战，也未能打败蚩尤，只好退兵。为此，黄帝忧心忡忡，日夜盼望能有贤哲辅佐他，以灭蚩尤。有一天晚上，他梦见大风吹走了天下的尘垢，接着一个人手执千钧之弩驱羊数万。黄帝醒来后，心觉奇怪，暗想：风，号令而为主；垢，是土解化清。天下难道有姓风名后的人吗？千钧之弩，是希望为能致远；驱羊数万群，是牧人为善，难道有姓力名牧的人不成？于是便派部下到处访寻这两个人。结果在海隅找到了风后，在泽边找到了力牧。黄帝以风后为相，力牧为将，开始大举进攻蚩尤。在涿鹿郊野，两军摆开阵势大战。蚩尤布下百里大雾，三日三夜不散，致使兵士辨不清方向，黄帝便令风后造指南车。与此同时，西王母也派玄女前来，教风后三宫秘略五音权谋之术。风后据之又演化出遁甲之法。两军在冀州重新开战。蚩尤率领魑魅魍魉，请风伯、雨师纵风下雨，命应龙蓄水以攻黄帝。黄帝请来天下女魃于东荒止雨，而北隅诸山黎土羌兵驱应龙至南极。最后，黄帝的部队杀死了蚩尤，分尸葬于四处，使之不得完尸。

后来，又有神农之后榆冈与黄帝争天下。黄帝以周鸟鹦、鹰颤为旗帜，以熊罴虎豹为前驱，与榆冈战于阪泉之野。历经三战，打败了榆冈。后来，又亲率兵马征伐各方不肯臣服的诸侯。前后共经五十二战，天下始归一统。于是黄帝划分州野，制礼兴乐，教化百姓。同时还发明各种器具用物，方便日用。其中，大臣曹胡发明了上衣，伯余造了下衣，於则做了鞋子。百姓们从此不再穿兽皮树皮。黄帝还依浮叶漂于水上的道理做了舟船，共鼓又配上舟楫行于水上。又根据转蓬的道理发明了车辅，便利了交通。黄雍父发明了舂，黄帝接着又令人制作了釜甑，使得百姓可以蒸饭烹粥。以后又造屋室，筑城邑，使百姓不再巢居穴处。黄帝又与岐伯作内外经，使百姓疾患得以治愈。他还确定了天下万物的名称，划分星度为二十八宿。以甲乙十天干纪日，以子丑十二辰来纪月，而六旬为一甲子，如此又使人们有了时空观念。当时的百姓"甘其食，美其服，乐其俗，安其居"，一派太平景象。

有一天，黄帝正在洛水上与大臣们观赏风景，忽然见到一只大鸟衔着下图，放到他面前，黄帝连忙拜受下来。再看那鸟，形状似鹤，鸡头、燕嘴、龟颈、龙形、骈翼、鱼尾，五彩缤纷。图中之字是"慎德、仁义、仁智"六个字。黄帝从来不曾见过这鸟，便去问天老。天老告诉他说，这种鸟雄的叫凤，雌的叫凰。早晨叫是登晨，白天叫是上祥，傍晚鸣叫是归昌，夜里鸣叫是保长。凤凰一出，表明天下安宁，是大祥的征兆。后来，黄帝又梦见有两条龙持一幅白图从黄河中出来，将图献给他。黄帝不解，又来询问天老。天老回答说，这是河图洛书要出的前兆。于是黄帝便与天老等游于河洛之间，沉璧于河中，杀三牲斋戒。此后便是一连三日大雾，又是七日七夜大雨。接着就有黄龙捧图自河而出，黄帝跪接过来。只见图上五色毕具，正是河图洛书。于是黄帝开始巡游天下，封禅泰山。他听说有个叫广成子的仙人在崆峒山，就前去向他请教。广成子说："自你治理天下后，云气不聚而雨，草木不枯则凋。日月光辉，越发地

缺荒了。而佞人之心得以成道，你哪里有资格让我和你谈论至道呢?"黄帝回来后，就不再理问政事。自建了一个小屋，里边置上一张席子，一个人在那里反省了三个月。而后又到广成子那里去问道。当时广成子头朝南躺着，黄帝跪着膝行到他跟前，问他如何才能长生。广成子起身说："此间甚好!"接着就告诉他至道之精要："至道之精，窈窈冥冥，至道之极，昏昏默默。无视无听，抱神以静。形将自正，必静必清;无劳妆形，无摇妆精，方可长生。目无所见，耳无所闻，心无所知，如此，神形合一，方可长生。"说完，广成子给了他一卷《自然经》。

　　黄帝向广成子问道后，又登过王屋山，得取丹经。并向玄女、素女询问修道养生之法。而后，回到缙云堂修炼，他采来首山铜，在荆山下铸九鼎，鼎刚刚铸成，就有一条龙，长须飘垂来迎黄帝进入仙境。黄帝当即骑上龙身，飞升而去。有几个小臣也想随他升仙，便匆忙间抓住了龙须。结果龙须断了，这些小臣又坠落到地上。据说龙须草便是那些龙须变的。

五、炎黄子孙的传说

黄帝与炎帝都被看做是华夏民族的始祖，故中国人自称"炎黄子孙"。

据《史记》记载："黄帝二十五子，得其姓者十四人。"颛顼、帝喾、唐尧、虞舜，以及夏朝、商朝、周朝的君主都是黄帝的子孙。

关于黄帝的传说：据传他出生几十天就会说话，少年时思维敏捷，青年时敦厚能干，成年后聪明坚毅。建国于有熊（河南新郑），亦称为有熊氏。时蚩尤暴虐无道，兼并诸侯，当时的天下共主炎帝已经衰落，酋长们互相攻击，战乱不断，生灵涂炭。炎帝无可奈何，求助于黄帝。黄帝毅然肩负起安定天下的责任，与蚩尤战于涿鹿，双方的战士英勇无畏，战斗十分激烈。黄帝在大将风后、力牧的辅佐之下，终擒蚩尤而诛之，被诸侯尊为天子，并取代炎帝，成为天下的共主。

不久，天下又出现骚乱。黄帝知道蚩尤的声威还在，于是画了蚩尤的像到处悬挂。天下的人都以为蚩尤未死，只是被黄帝降服，更多的部落都来归附黄帝。

炎帝虽然被蚩尤打败，但实力尚存。他不满黄帝成为天下共主，企图夺回失去的地位，终于起兵反抗。炎、黄二帝发生火并，决战在阪泉之野。经过三场恶战，黄帝得胜。从此，黄帝天下共主的地位最终确立，号令天下。

黄帝在位时间很久，国势强盛，政治安定，文化进步，有许多发明和创造，如文字、音乐、历算、宫室、舟车、衣裳和指南车等。相传尧、舜、禹、汤等均是他的后裔，因此黄帝被奉为中华民族的共同始祖。

六、黄帝的文化贡献

根据中国史书的记载，黄帝在炎帝之后，统一了中国各部落。他推算历法，教导百姓播种五谷，兴文字，作干支，制乐器，创医学。

纪时：黄帝以十天干配合十二地支纪年。从甲子、乙丑至癸亥，六十年为一周期，即沿用至今的农历。

数学：隶首作数，定度量衡之制。

军队：风后衍握奇图，始制阵法。

音乐：伶伦取谷之竹以作箫管，定五音十二律。

衣服：元妃嫘祖始养蚕缫丝制衣。

医药：与岐伯讨论病理，作《内经》。

文字：仓颉始制文字，具六书之法。

铸造：采首山(今河南襄城县南)之铜以造货币。

其他：舟车、弓矢、房屋等发明。

黄帝陵

高山远瞩

31

七、宗教中的黄帝

黄帝是传说中的远古帝王，道教尊奉的古仙。其原型大概是华夏族一个酋长国首领，因其对本民族的发展有很大贡献，为后世长期传颂。但因其年代太久远，留下来的传闻大多扑朔迷离，难详究竟。可是至战国百家言黄帝时，许多人对那些传闻进行增纂，终于造就出一代帝王形象。据称，黄帝为有熊国君少典之子。曾败炎帝于阪泉，诛蚩尤于涿鹿，诸侯遂尊之为天子，代神农氏而为黄帝。接着，又立百官，制典章，命群臣造宫室，做衣裳，制舟车，定律历，文字、算术、音乐等皆相继发明，于是形成"田者不侵畔，渔者不争隈，道不拾遗，市不豫贾"的盛世局面。在百家塑造黄帝帝王形象同时，一些典籍又在塑造黄帝的仙人形象。《山海经·西山经》中已有"黄帝是食是飨"的记载，《庄子》中也多有关于黄帝访道、论道的记述。

秦汉方士更以黄帝为帝王成仙的样板，鼓动秦皇、汉武以之为楷模修炼长生。公孙卿更编造了一个有名的黄帝鼎湖升天的神话来鼓舞武帝学道修炼。可以说，历战国至汉初，黄帝基本上已具有帝王兼仙人的形象。

在道教形成初期，人们称其前身为黄老道，视黄帝与老子同为道教的祖师。张陵创立五斗米道，独尊老子为教祖，而尊黄帝为古仙人。由此遂被沿袭。所以此后道书仍然以黄帝为古仙人继续进行增饰。葛洪《抱朴子内篇·微旨》云："黄老玄圣，深识独见，开秘文于名山，受仙经于神人，蹶埃尘以遣累，凌大遐以高跻，金石不能与之齐坚，龟鹤不足与之等寿。"同书《辩问》篇盛赞黄帝是自古以来唯一的治世而兼得道的圣人，曰："俗所谓圣人者，皆治世之圣人，非得道之圣人，得道之圣人，则黄老是也。治世之圣人，则周孔是也。"

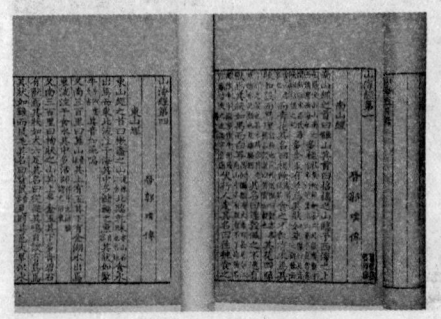

南北朝至隋唐间，续有史籍增益黄帝成仙事迹。《黄帝内传》又模仿《穆天子传》和《汉武帝内传》，编造西王母向黄帝讲道、授图像的故事，曰："王母授帝七昧之术。帝曰：何谓七昧？王母曰：目昧即不明，耳昧即不聪，口昧即不爽，鼻昧即不通，手昧即不固，足昧即不正，心昧即不真。但心不乱即真矣，目不昧即明矣，耳不昧即聪矣，……是知七昧其要在一，一之稍昧，六昧俱塞，则一身不治，近于死也。"又曰："王母饮帝以碧霞之浆，赤精之果，因授帝白玉像五躯，曰：此则元始天尊之真容也。又授帝二仪本形图，还丹十九首。帝乃作礼，置于高观之上，亲自供养，后妃臣妾莫得睹之。其观上常有异色云气，奇香闻数百步，时人谓之道观，道观之号自此始也。"《云笈七签》卷三《道教所起》又称黄帝是灵宝经的传人，曰："今传灵宝经者，则是天真皇人于峨眉山授于轩辕黄帝。"唐僖宗广明二年（881），王瓘对诸书所记黄帝修道事进行整理，成《广黄帝本行记》，是黄帝修道成仙的系统总结，称"黄帝以天下既理，乃寻真访隐，问道求仙"，于是历访诸山问道，最后道成，"有黄龙垂胡髯迎帝，帝乘龙天"。道教奉黄帝为古仙人，陶弘景《真灵位业图》称之为"玄圃真人轩辕黄帝"，列于第三中位太极金阙帝君之下的左位。道士多托黄帝之名以著书，现《道藏》除收医书古籍《黄帝内经》外，托名黄帝之《阴符经》是其最著名者。托名黄帝的方术书则更多，如述外丹术的有《黄帝九鼎神丹经诀》；论占卜的有《黄帝龙首经》《黄帝金匮玉衡经》《黄帝宅经》；论选择嫁娶吉日的有《黄帝授三子玄女经》；论杂法仙术的有《黄帝太乙八门入式诀》《黄帝太一八门入式秘诀》《黄帝太一八门逆顺生死诀》等。

旧时一些地区尝建黄帝庙或轩辕庙，多以之为古仙而奉祀之。《山西通志》载有多处黄帝庙，其"一在曲沃县城中，明正统间里人掘地得古碑，……其阴赞文曰：'道德巍巍，声教溶溶，与天地久，亿万无穷。'因立庙。"河南、陕西等地亦有黄帝庙，《河南通志》载："黄帝庙有二，一在宜阳县西，一在阌乡县东南，世传轩辕黄帝铸鼎于此，故立庙焉。"

宰我从荣伊听到黄帝三百年的传说，问孔子，孔子并不相信，他回答是：黄帝生而民得其利百年，死而民得其利百年，亡而民用其教百年，所以说三百年。其实黄帝也是一个部落联盟，据《春秋命历序》记载，一共传十世，1520年(《易纬稽览图》年数同)，周武王时封黄帝后代于祝。

道教所指称的黄帝大致有五种情况：一是中央央元灵元君，二是中央黄帝，二是日中黄帝，四是中岳黄帝，五是历史传说人物黄帝。这里所说的便是历史传说人物黄帝。

一说黄帝姓姬，号轩辕氏。《帝王世纪》："黄帝，有熊氏少典之子，姬姓也。母曰附宝。……附宝见大电光绕北斗枢，星照都野，感而有孕，孕二十四月，生黄帝于寿丘。"二说姓公孙。《云笈七羲·轩辕黄帝》："轩辕黄帝姓公孙，有熊国少典之次子也。"称西王母遣女传《阴符经》三百言及兵符、图策等而战胜蚩尤，"黄帝以天下既理，物用俱备，乃寻真访隐，冀获长生久视"。

黄帝是中华民族古代领袖中最杰出的一位。相传古代帝王如尧、舜、禹及夏、商、周三代首领均为黄帝的后裔。黄帝曾居住在涿鹿，联合炎帝族打败了九黎族。其后黄帝与炎帝发生冲突，黄帝战胜炎帝而定居中原，奠定了中华民族的基础，故黄帝被公认为中华民族的始祖。据《史记·封禅书》和《云笈七签·轩辕黄帝》记载：黄帝且战且学仙，常游天下名山与神相会，修五城十二楼以候神人，百余岁得；神通，于荆山铸宝鼎成功即有龙垂胡髯以迎之。"黄帝上骑，群臣后宫从上者七十余人"，他还"登崆峒山见广成子问至道"，"东到青丘山见紫府先生受《三皇内文》"，"南至青城山谒中黄丈人"，"登云台山见宁先生受《龙跷经》"，问"正一之道"，又"练石于缙云台"，"合符瑞于釜山，得不死之道"。黄帝飞升后，为"太一君"，后来"享之列为五帝之中方君也"，为中国历史传说中之"五帝"。

黄帝最初的神职为雷神。《春秋·台诚图》称黄帝起于雷电，并说："轩辕，主雷雨之神。"然黄帝以雷神崛起后又为中央天帝，位为最尊。《淮南子·天文训》："东方木也，其帝太皞，其佐句芒，执归而治春；……方火也，其帝炎帝，其佐朱明(祝融)，执衡而牿夏；……中央土也，其帝黄帝；……西方金也，其帝少昊，其佐蓐收，执矩而治秋；……北方水也，其帝颛顼，其佐玄冥(禺疆)，执权而治冬。"大概黄帝最初和风伯等都是神农氏诸侯。

《真灵位业图》中，排列神仙位次，黄帝列在第三神阶的左位。

八、旅游胜地

黄帝源是黄帝陵的又一壮丽景观，它是中华祖先轩辕黄帝游息之所，是世界自然和文化双遗产黄山的发源地。景区贯穿黄山轩辕峰至光明顶之下人迹罕至的云海之中。这里青山环抱，群山叠翠，古树参天，翠竹摇曳，溪水潺潺，峡谷怪潭。圣寺、古桥、驿道、书院等俯拾皆是，留下无数名人墨客的足迹，是集皇权神圣于自然神奇的风水宝地。

现在的黄帝陵已经成为著名的旅游胜地，黄帝城，又叫涿鹿故城，也叫轩辕城，它位于涿鹿县矾山镇三堡村北五十米处。根据《史记》记载，黄帝杀死蚩尤，降服炎帝后，"邑于涿鹿之阿"，即建都城于涿鹿山下的平地之上。相传黄帝城就是黄帝所建华夏的第一都城。黄帝城为不规则方形夯土城，东西宽450—500米，南北长510—540米，残存城墙高5—10米，底厚约10米，顶厚3米左右。

遗址内还陆陆续续地发掘出了大量陶器、石器，均是距今五千年左右的仰韶文化和龙山文化的典型文物，与黄帝所处时代相一致。黄帝泉、蚩尤三寨、蚩尤坟、上下七旗等远古遗存至今保存尚好，为研究黄帝、炎帝、蚩尤人文三祖，提供了得天独厚的条件。由海外华人捐资兴建的中华三祖纪念堂，古朴凝重，向人们展示了黄帝、炎帝、蚩尤这三位人文始祖的伟大功绩，体现了中华民族的强大凝聚力。中华三祖堂采用唐代建筑风格，堂内塑有黄帝、炎帝、蚩尤三个大型塑像，并陈列有在涿鹿之野出土的石斧、陶纺轮、石镞等人类早期生产生活用品和战争兵器。墙壁上绘有涿鹿之战、阪泉之战、合符釜山、定都涿鹿四大历史事件的大型壁画。以黄帝城、黄帝泉、蚩尤寨、蚩尤泉为主要景点的中华三祖文化旅游区，正在吸引着越来越多的炎黄子孙来这里寻根祭祖。

中国皇陵

清 东 陵

距北京 125 公里，坐落于河北省遵化市西北 50 公里处的清东陵是我国现存规模最大、体系最完整、布局最为得体的帝王陵墓群，占地 78 平方公里，陵寝 15 座，埋着 5 位皇帝和 156 位皇后、妃子以及皇子公主。清东陵是一块难得的"风水"宝地，至今已有 500 多年的历史。2000 年 11 月 50 日，清东陵以她无可辩驳的魅力，以她重要的历史、艺术和科学价值被正式列入世界文化遗产名录。

清东陵

一、概述

（一）选址

清朝自 1644 年入关到 1911 年灭亡，历时二百六十七年。它的灭亡，不仅是清朝的灭亡，也是中国两千余年封建社会的灭亡。在清朝入关后，先后有十人当了皇帝。除了末代皇帝溥仪外，其余九人均按帝制葬礼，归葬于东陵、西陵两处。而溥仪死后多年，其骨灰也葬于清西陵。清东、西两陵，成为封建社会最后的两处陵址。

清王朝的帝陵陵址选择在这两处是有原因的，特别是东陵的陵址，与政治风水极有关联。所谓政治风水，就是假借风水外衣为其政治需要而服务。这在封建社会，是统治者所惯用的，入关后的顺治帝当然也明白这个道理。然而野史与传说的杂乱，却给东陵陵址的选定，披上了一层令人恍惚的纱衣。

其中一说是顺治自己看中的：顺治帝"尝校猎遵化，至后为孝陵之地，停辔四顾，曰'此山王气葱郁非常，可为朕寿宫。'因自取佩𫐐掷之，谕侍臣曰：'落处定为穴，即可因以起工。'后有善青乌者视之，相惊以为吉壤也"。

一说是明朝亡国之君崇祯帝选中的，由于李自成杀进北京，崇祯帝未及为自己寿宫动工，就吊死在景山。明朝亡国之君未能如愿享用的"万年吉地"，就被清王朝开国之主占用了。还有一说是钦天监杜如预、杨宏量等"勘测过孝陵"。产生多种说法的原因，是与满族入关统治汉族有关的。清统治者入关后，在攻克扬州时，多尔衮曾致书史可法劝降，信中声言："国家之抚定燕京，乃得之于闯贼，非取之于明朝也。"清入关夺的不是大明天下，而是帮助明灭李自成的。反映到墓葬问题上，就出现了明崇祯帝选的陵址，传给清世祖顺治的"佳话"，这对于赢得汉人之心，在政治上是需要的。

出于这个政治目的，顺治的孝陵乃至清朝以后的历代陵寝，大体都吸纳了明朝帝陵陵制。首先，关于墓葬的风水，完全遵循了关内汉族堪舆术的一

套理论。如孝陵为顺治自己选陵址一说；如乾隆帝在《哀明陵十三韵》中所称："英雄具眼自非常，岂待王廖陈其艺。"（王，指山东王贤；廖，指江西廖均卿，均为当时著名风水大师）清帝选陵址，也是件宫内大事，乾隆帝自认为也学会了堪舆术，不需要听任汉族堪舆家的点拨了。

　　其次，清东陵及西陵的地面建筑，其大体格局，也同明陵相仿。以孝陵为例：石碑坊、神道、大红门、圣德神功碑、石像生、石桥、碑亭、隆恩门、隆恩殿、方城明楼及宝城宝顶等均备。只有圣德神功碑，自道光帝的慕陵开始，以后的四帝陵均没设置。

　　第三，清入关前遵行的是火化。据《东华录》记载，乾隆帝在追述清朝墓葬制式时曾说："本朝肇迹关东，以师兵为营卫，迁涉无常，遇父母之丧，弃之不忍，携之不能，故用火化，以便随身捧持，聊以随其不忍相离之愿，非得已也。"土葬是满族入关后才从顺治帝开始的。顺治帝虽然葬在孝陵，据载也是火化后才土葬的。他6岁登基，在位18年，24岁突然死去，成为"清初三大疑案"之一。据《大清会典事例》所载，顺治十七年（1660），深得顺治帝宠爱的董鄂妃红颜薄命死去，福临郁郁不欢，不到半年死于养心殿。后在北京景山寿皇殿按佛教礼仪进行了火化。由浙江玉林通琇的弟子茆溪行森禅师为其举火，火化后葬入孝陵。因此，顺治帝的孝陵葬式，是清朝墓葬制式转向汉族陵墓制式的一个过渡。以后的清帝葬式几乎全遵行汉族自古以来的"冢以藏形，庙以安神"这一墓葬制式。

　　第四，对龙文化的接受。司马迁在《史记·天官书》中称："东宫苍龙""南宫朱鸟""西宫咸池""北宫玄武"，四神拱卫天帝的"中宫"。后来有了发展，认为四神在天上是保卫天帝，在人间是保卫帝王和他的臣民，在墓中是保卫墓主和他的灵魂。四神在墓葬中的出现，最早在西汉晚期，而且很快在墓葬中盛行起来，成为中国古代汉族的丧葬习俗和陵寝制度。清帝陵中，不仅在地面建筑中随处可见龙的形象，就是在地宫里也极力效法。道光帝的慕陵地宫便是如此，还引出了个故事。按乾隆帝定的规制，道光帝的陵寝建在东陵，历时七年，于1827年建成，并葬入了孝穆皇后。1828年某天夜里，道光皇帝梦见孝穆皇后在一片汪洋中向他求救，醒来便觉不快，担心自己的地宫出了问题，便去东陵查看，果然发现地宫浸水。道光帝大怒，下旨拆除陵墓，改在清西陵龙泉峪建造新的陵寝。道光帝认为地宫进水是"群龙钻穴，龙口吐水"所致，在建造新陵时，将金丝楠木隆恩殿上的龙头做了修改：整个天花板上，不用各帝通用的彩绘，而是用香楠木以高浮雕的手法，刻成龙头向下俯视，张口鼓腮的形状。除此，道光帝传旨在隆恩殿的雀替、隔扇、门窗等各个部位，都用金丝楠木雕以各式的龙，龙头朝上，形成"万龙聚会，龙口喷香"的景观，以便让龙在天上争相吐香，不往地宫里吐水。出于这个原因，在以后的帝陵中龙的装饰才减少了。

第五，清初由于顺治、康熙和雍正帝对汉地佛教的推崇，不仅表现在执政时期，在陵墓葬式上也留下了踪迹。例如乾隆帝的裕陵地宫，在其石门、各堂的两壁、券顶都有精美无比的佛像浮雕、图案和经文。八扇石门雕有八大菩萨，罩门两侧雕有四大天王。前殿又称明堂，其券顶刻有五方佛。中殿又称穿堂，其东西两壁刻有"五欲供"。五欲供为明镜、琵琶、涤香、水果、天衣五件物品，寓意只要戒除五欲，即可进入西方乐土。中殿券顶处还刻有二十四尊佛像。后殿又叫金堂，券顶上刻着三个佛像，东西两壁各雕"八宝"和一尊佛像。此外，地宫石棺床四壁还雕着整齐细密的经文，用梵（古印度文）、番（藏文）两种文字阴刻，达三万余字，简直就是一座精美绝伦的佛堂。还有雍正帝的泰陵，在隆恩门西侧有座配殿，为喇嘛念经场所。后来由于乾隆帝尊崇汉地历代帝王所尊崇的儒学，将儒学视为正统，佛、道等视为异端，特别是道光帝以后，汉地佛教文化在清帝陵寝中才逐渐消失。

第六，清代每年清明的大祭，也完全仿照明代，皇帝或王爷要在宝顶上举行上土礼。在祭礼前两刻钟，皇帝在明楼方城下从王公大臣手中接过"竹筐"

（盛贡物的小竹筐），亲自奉筐将土送至坟顶，跪下毕恭毕敬地添土于坟上。为了尊敬死者，每次所用之土，均为石门工部专程预备的"客土"——精心选取的未经牛羊踩过的净土。在举行敷土礼时，皇帝与随行官员们的脚上，都得套上事先准备好的黄缎袜套，如果一时疏忽，忘记穿袜套就踏上宝顶，则被看做犯了大不孝敬之罪。

总之，清代的帝陵规制，处处都表现了入关初期所称的思想，即清朝不是劫夺明朝，而是"帮助"明朝剿灭李自成的，是明朝的继续与发展。显然这是出于政治上的目的。关于墓葬方面，其实，无论是汉族墓葬文化，还是满族墓葬文化，都统属于中华民族墓葬文化的一部分，只是历史在 15 世纪中叶，让

这两个民族的墓葬文化交融而已，都是中华民族墓葬文化史上重要的一页。

（二）清西陵简介

西陵在河北省易县城西 15 公里处的永宁山下，也是一座规模宏大、富丽堂皇的古代陵墓建筑群。整个陵区共有清帝陵 4 座，即泰陵（雍正）、昌陵（嘉庆）、慕陵（道光）、崇陵（光绪），后陵 3 座，王公、公主、妃子园陵 7 座。这14 座陵墓群，共葬了 76 人。

清帝陵为什么会出现东西两个陵区呢？这要从雍正帝的泰陵说起了。雍正帝是康熙帝的四儿子，初封雍亲王。康熙末年，得隆科多、年羹尧之助，阴谋夺取王位。据说，康熙帝临终前，曾手谕遗诏要"传位十四子"。雍正见父亲不传位给他，很是气恼，遂串通宫内外，将遗诏偷改成"传位于四子"。之后又毒死 69 岁的父亲康熙帝，杀死了知情者和十四子一门老少，做了皇帝。他害怕祖宗在阴曹地府不会宽恕他，所以另择陵地于河北易县西 15 公里的永宁山。据载，雍正帝即位后，开始也选择在东陵的九凤朝阳山上。但他看了陵区草图后，很不满意，认为"规模虽大而形局未全，穴中之土，又带泥沙，实不可用"。选陵大臣心领神会，最后选在永宁山。雍正帝看后大喜，这里是"乾坤聚秀之区，为阴阳和会之所，龙穴沙石，无美不收，形势理气，诸古咸备"，并认为"山脉水法，条理详明，洵为上吉之壤"，定为陵址。雍正八年（1730）开始兴建，历时七年结束，是西陵规模最大的一座陵园建筑。相传在雍正十三年（1735）时，雍正帝在圆明园养病，民间女侠吕四娘为报父仇，潜入园内刺死雍正帝，又将其头割去。一时宫内大乱，又不敢声张，只得给雍正铸了个金头安上入殓。直到乾隆二年（1737）三月才与皇后、贵妃合葬于泰陵。后来，乾隆帝为不使两处陵寝冷落，特谕旨明示后代："嗣后，吉地各依昭穆次序，在东西陵界分建。"从此，清帝陵寝便分葬于遵化和易县，以其地理位置易县陵区称西陵。

二、帝王陵寝

（一）昌瑞山第一陵——孝陵

所葬人物：顺治

清世祖顺治皇帝，即新觉罗·福临，是皇太极的第九子，也是清王朝入关后的第一代皇帝。6岁登基，14岁亲政，24岁去世，打理朝政、主持军国大事十年，在大清一代的十余位皇帝中政绩颇多，有着不少"第一"，算得上是一位有特色的人物。

他是第一位在紫禁城称帝的满人，虽然他的祖父、父亲都有入主中原的愿望，但是直到他这一代，才真正实现。他也是清朝第一个以幼主身份登基的皇帝，年仅6岁，以至于摄政王多尔衮把持朝政多年。他更是第一位把汉家女子迎进宫中的大清天子，他与董鄂妃之间的儿女情长，更是被后人津津乐道，成了不爱江山爱美人的典范。他也是清朝历史上唯一公开皈依禅门的皇帝。他的结局扑朔迷离，现今流传着各种版本，有待商榷。比较中肯的一种说法就是在顺治十八年因病而死。具体原因是爱妃董鄂氏及其爱子相继病亡，福临受到了巨大的精神打击，身体每况愈下，后又染上了天花，顺治十八年（1661）正月初七日子刻崩于紫禁城内的养心殿，年仅24岁。中国历史第一档案馆的档案支持这种说法。据历史文献记载，福临确实想要出家，但受到皇宫内保守势力的极度反对，最终未能成行，而不久则死于天花。死后遗体被火化，故陵内埋葬的是他的骨灰。因为传说孝陵内无尸首且薄葬，故在民国时期未遭大规模盗掘（但也有多处盗洞），是清东陵内唯一地宫保存完好的陵寝。

1. 石牌坊

进入清东陵，首先映入眼帘的便是一座矗立在大红门前的石牌坊，它是陵园的入口，也是清东陵的第一座建筑，面宽31.35米，高

12.48 米，是用青白大理石以木结构穿插搭建成的一
个五门六柱十一楼的宏大建筑，结构科学而巧妙。
折柱、花板上雕刻着旋子彩画。夹杆石的顶部圆雕
卧麒麟和卧狮，并雕有云龙戏珠、蔓草奇兽、双狮
滚球图案，神采奕奕。这座石牌坊在陵区外广阔的
田野上，耸然屹立，巍巍壮观，充分体现了皇家陵
园的威严和霸气，堪为不可多得的艺术杰作。历经

三百余年风吹雨打、地震及雷电的冲击，丝毫没有受到败损，在中国实属不多。
石牌坊身后即为陵园的门户——孝陵大红门，东西两边是 40 余里的风水墙向后
延伸与长城相接，将整个陵园封闭。

大红门是孝陵也是整个清东陵的门户，红墙迤逦，肃穆典雅。有三个门洞，
单檐庑殿顶，大门两侧还各有角门，两侧连接着陵区的风水墙。门外东西两侧
各立一块用汉、满、蒙三种文字刻有"官员人等至此下马"字样的下马牌。此
门 1979 年仿照清西陵大红门复原，耗资十六万元。

2. 孝陵神路

所谓"神路"，又称神道，也称司马道，是指供皇帝灵魂出行的通道，也是
陵区的主干道。简而言之，神道就是神灵走的道路，所以被称为神路，活人是
不能走的，帝、后、妃的棺椁要在神路上经过。神道还有另外一个功能，就是
死者生前用过的一些物品和穿过的衣物，包括活人为祭祀死人烧掉的一些纸鹤、
五色纸等等都要从神道抬过去。孝陵神路跟风水理论密切相关，清朝没有自己
成型的文化，他们完全沿袭汉文化。到康熙以后，把汉文化吸收得淋漓尽致，
在神路上完全依照明代陵寝的直主吉、弯主凶，即使一些太直的神道也要经过
一些桥座，把直的神道设计成弯曲的，一空桥就是这样的设置，这样才能表达
出吉祥的意义。不仅在神道，在陵区的马沟槽、两边的河流都不采用这种直的
设置，因为两边湍急的流水迸发出的声音会冲撞陵寝里的神灵，时人很忌讳这
些。所以，河流和神道都是弯弯曲曲的。神路不光有着严谨的风水讲究，在建
设材料、设置等方面都有着不同寻常的说法和讲究。就连填充神路的青砖都是
经过十分复杂的过程才烧制而成的，成本相当高。

孝陵神路是清代陵寝中最长、最壮观、最富艺术感染力的神路。它南起金
星山的石牌坊，北达昌瑞山的宝顶，全长 5600 多米，宽约 12 公尺，中心石宽

90公分，两侧牙石各宽40公分。其间青砖三层墁地，而且孝陵神路区内有着最为丰富的建筑配置，气势恢弘，序列层次丰富，极为壮观。它将孝陵几十座形制各异、大小不一的建筑连接起来，代表皇家的血脉一脉相承，形成一条气势宏伟、层次丰富、极为壮观的陵区中轴线。而且因势随形，多有曲折，但曲不离直，明确显现了南北山向的一贯，配合了山川形势，强化了主宾朝揖的天然秩序，产生了极富感染力的空间艺术效果。

3. 孝陵神功圣德碑楼

在孝陵大红门后有一座高30米的重檐式建筑，叫神功圣德碑楼，也叫大碑楼。黄琉璃瓦重檐歇山顶，四面各有一券门，基座为正方形，边长28.76米。亭内石碑高6.7米，宽2.18米，正面碑额上刻篆字"大清孝陵神功圣德碑"，下面刻有满汉双文的碑文，乃康熙帝亲自撰写。亭内高6.64米的两通石碑分别竖立在两只巨大的石雕龙趺之上，东碑刻满文，西碑刻汉字，记载着顺治皇帝一生的业绩。至今保存完整无损，字迹清晰。碑亭四角有四根汉白玉石柱，名为华表，也称擎天柱。每柱承以须弥座，四周有石围栏，柱身雕蟠龙，四周围以祥云，柱上为承露盘，横插云板一块，柱顶雕一蹲龙，栩栩如生，寓动于静。据考证八角须弥底座和栏杆上亦雕满了精美的行龙、升龙和正龙，一组华表上所雕的龙竟达九十八条之多。华表的顶端各坐着一个像龙一样的小动物，名字叫"吼"，两个向北望，两个向南望。寓意：盼君出，盼君归。意思是要提醒皇帝既要走出深宫，去体察民情，又不要贪恋清山秀水而不思国事。

4. 孝陵石像生

石像生是陵墓前神道两侧设置的石人石兽的总称。石像生的作用最初是除邪恶、驱鬼怪，后来又有表明死者身份地位、庄严气氛、驱邪、镇墓的作用。

墓前设石像生普遍出现于东汉。石像生中的石人也叫"翁仲"。"翁仲"是一个人的名字，姓阮，他是秦始皇手下的一名大将，身高丈二，智勇双全，屡建战功，把守临洮，大败匈奴。阮翁仲死后，秦始皇深表哀悼，为了纪念他，命人铸造了一尊阮翁仲的铜像立于咸阳宫司马门外。当匈奴再次进攻时，看到阮翁仲的铜像，以为阮翁仲还在世，望风而逃。后来，人们把陵前安置的石人也称作"翁仲"。

孝陵的石像生雕刻继承了明十三陵的古风，形态壮硕雍容，线条粗犷简洁。孝陵石像生共十八对，从北往南依次为：文臣三对、武士三对，马、麒麟、象、骆驼、狻猊、狮各一对立像、一对卧像，排列在神道两旁，队列长达八百多米，就像两列长长的仪仗队，威武雄壮，气势非凡，使皇陵显得更加圣洁、庄严、肃穆。每一件雕刻品都有着它的寓意：狮子凶猛，吼声震天，是皇权强大的象征；大象驯服，意喻皇帝广有"顺民"，可任意统治；骏马善跑，表示皇帝统治疆域的广阔，可任意驰骋；文臣、武将是朝中文武百官的代表，象征皇帝拥有忠臣良将，善理国事，以此来显示皇朝的巩固……

孝陵石像生是清代早期石雕作品，线条明快，刀法遒劲有力，使立者威猛凶悍，卧者安然恬静，给人一种强烈的艺术反差。而且带有浓厚的满族特色，如文臣：背束发辫，项挂朝珠，紧衣箭袖，腰悬佩刀，表现了满族的发式、衣饰特点和尚武精神。

5. 龙凤门

石像生北端就是龙凤门，又叫棂星门，只有皇帝陵神道上才设有棂星门。棂星门在关内清皇陵中有两种形式：龙凤门或冲天牌楼门。孝陵前龙凤门由六柱三门四壁组成，由石、砖、琉璃材质建成，并未使用木材。每座门由两根四棱青白石方柱组成，上架额枋，中门额枋上雕火焰宝珠，石柱上饰云板，顶部有蹲龙。彩色琉璃瓦盖，龙凤呈祥花纹装饰，富丽多彩，门之间用短垣相接，建在须弥座上，门间共有四座琉璃影壁，南面是盘龙琉璃壁，北面为荷花鸳鸯琉璃壁。据传它是按传说中的南天门修建的，皇帝之灵经过此门就可以进入天堂。

神道上各种建筑，使人们在空旷的视野中增加层次感。孝陵神道长约11华里，本来就是在开阔的旷野中，但采取了直中求曲的做法，出现了很大的拐弯处，这也是刻意追求的。而龙凤门位于神道中间，显示了神道的悠远和风光的优美。

6. 孝陵七孔拱桥

拱形桥在石桥中是等级最高的一种。七孔拱桥通常只设在主陵，在清东陵只孝陵有一座。桥长 111.6 米，宽 9.1 米，桥每侧面有柱 62 根，栏板 61 块，抱鼓石 2 块。最为奇特的是，当敲击栏板时，桥就会发出叮叮咚咚的声音，十分悦耳。击打的方位不同，发出的声音亦不相同，会听到 5 种如金玉般的响声音阶，有的低沉浑厚，如钟鸣；有的清脆悠扬，仿佛轻敲木鱼之声，悦耳动听。曾有人做过实验，从桥北端第 3 块栏板敲起，发出的声音恰似我国古代音阶的"宫、商、角、徵、羽"，故人们称这座桥为五音桥。桥的一侧栏板能发出 5 个音阶，已经令人惊叹，相对的另一侧也能发出同样的音阶，不得不让人叫绝。有关专家对五音桥进行了研究，初步认为其奥秘可能在石料的成分上。据化验，石料中含 50%的铁质方解石，当地人称之为"响音石"。孝陵因七拱桥而远近闻名。

7. 隆恩殿

经过七孔拱桥之后，依照由北向南的顺序依次经过小碑亭（建筑模式与大碑亭相同）、东西朝房（制作供品及茶水、点心之用），即可到达隆恩殿。巍峨庄严的隆恩殿，是举行祭祀活动的主要场所，也是陵园的主体建筑。为了推崇皇权，清朝统治者不惜工本，极力装修隆恩殿，使其金龙环绕，富丽堂皇。

我国古代相信死后有来生，事死如事生，所以陵墓的建制也如同生前办公场所一样，采用"前朝后寝"的模式。孝陵陵院的建制也是这样，分前后两个部分，前面以隆恩殿为主要祭祀场所，院门叫隆恩门，也叫宫门。面阔五间，进深两间，黄琉璃瓦单檐歇山顶，开大门三间，中门宽 2.68 米，旁门宽 2.31 米。中门上悬挂一方匾额，竖写隆恩门，满文居中，蒙左汉右，突显满族统治权势。这三个门分别称神门、君门、臣门，十分考究。其中，中门为神门，为帝后棺材、神牌等通过的门，此外如果权势、辈分大的人来祭祀，也走神门；东门在左为大，是君门，是皇帝出入的门；西门在右，是王公大臣、随从出入之门。

正殿隆恩殿四周围绕汉白玉栏杆，共有栏板 76 块，前有月台，宽约 3 米，四周用大理石石柱围栏，柱上雕有龙凤呈祥图案。月台上还陈设了铜制的鼎炉、鹿、鹤。鹿与六谐音，鹤与合谐音，东、西、南、北、天、地称六合，暗寓"六合同春"。月台前出三踏，中间为九级台阶，两旁为八级，月台东西两边各有一踏，也为八级台阶。殿内金柱四根，北侧有暖阁三间，内供神龛、神牌。孝陵的建筑材料是拆了西苑内嘉靖年间的道教建筑所得。

8. 方城明楼

大殿后面穿过琉璃花门就是方城明楼，也就是民间常说的"坟"，琉璃花门后面有二柱门，是由两根正方体青白石柱组成，上有横木额枋，形式与龙凤门相同。它的北边便是五供祭台，采用汉白玉雕，象征着烟火不断，江山不改。祭台长6米，高、宽各1.5米，四周雕刻莲花、莲瓣及各种吉祥石五图案。祭台上摆放着一个香炉、两个烛台、两个花瓶，上有云、龙、兽面纹。

清陵方城建在高大的基座上，城上建有明楼，从石五供走上明楼，有很大坡度，寓意后人来祭祀要低首弯腰，以示敬意。明楼的形制与神功圣德碑楼相似，城南、东、西三面有垛口，城下中部有一门洞，明楼重檐之间有"孝陵"字样的匾额，从左至右分别是蒙文、满文、汉文。明楼内有石碑一块，也是用满、蒙、汉三种文字，刻有"世祖章皇帝之陵"字样，旁边刻有"康熙尊亲之宝"印章。方城与北部的宝城之间，用月牙城（也叫哑巴院）相接，月牙城北壁背靠宝城南壁，有面南琉璃影壁一座，正对方城北侧门洞，神道自此到了尽头，琉璃照壁下线正中处即地宫入口。该影壁由城砖砌成，上抹红泥，镶嵌中心花和插角花，顶部正脊一道，垂脊两条，安吻兽，上铺黄琉璃瓦，壁下承以须弥座。月牙城东西各有一条转向登道，通往方城明楼。

月牙城之所以被称为"哑巴院"，传说主要是为了保守秘密，因为历代皇帝下葬时，都带有很多的物品随葬，奇珍异宝、古玩字画等更是数不胜数，为了防止陵墓被后人偷盗，入口的设置就极为关键。据传，在此处施工的工匠全都是哑巴，他们白天休息，晚上才干活，而且进出都有人带领，蒙着双眼，并不知道自己身处何地。因为是哑巴所修建，所以称为"哑巴院"。

孝陵地宫内还葬有孝康章皇后佟佳氏（康熙帝生母，康熙二年去世，年仅22岁）、孝献端敬皇后董鄂氏（顺治十七年去世，年仅22岁，追封为皇后）二人。

孝陵没有被盗之谜：

孝陵是清东陵唯一没有被盗掘的陵寝，在清朝灭亡到新中国成立前的时间里，清东陵遭到了多次盗掘洗劫，帝、后、妃陵寝均遭劫难，就是那些陪葬墓也无一幸免。然而，令人意想不到的是，清东陵的主陵——规模最大的孝陵在兵荒马乱、盗陵成风的岁月里，竟奇迹般地幸免盗掘，地宫至今安然无恙。这究竟是什么原因呢？

一是野史和东陵地区盛传孝陵是空的，地宫里没有葬人。因为传说顺治皇帝自从董鄂妃及其所生的儿子荣亲王死后，悲痛欲绝，万念俱灰，于是放弃皇位，自愿遁入空门，去五台山当和尚了。而且也有多个版本传说与之相呼应，即康熙即位以后，曾多次去五台山看望他。这样一来，世人都以为地宫是空的，没有葬人，所以里面也就没有价值连城的稀世珍宝陪葬，盗匪也就不去盗掘了。

二是清初时所实行的是火葬制度，顺治和他的两个皇后均死后火化，地宫里只有三个骨灰坛子。因为大多的随葬奇珍异宝是放在棺内的，既然没有棺椁，自然也就无法存放珍宝，这也是孝陵地宫未被盗的原因之一。

三是顺治皇帝平时提倡节俭，反对厚葬。而且在孝陵的神功圣德碑上刻着这样一句话："皇考遗命，山陵不崇饰，不藏金玉宝器。"由此可见，地宫之内并无陪葬的奇珍异宝，甚是简单，所以大多的盗墓之徒也就对孝陵失去了兴趣。

（二）景陵

所葬人物：康熙

"景"就是"大"、"光明"的意思，以此宣扬康熙的功德。景陵是清朝康熙皇帝爱新觉罗·玄烨的陵寝，康熙可谓是一个家喻户晓、妇孺皆知的人物，他

是一位集中国封建帝王之大成者。在位期间他治政精勤，撤除吴三桂等三藩势力（1673），统一台湾（1684），平定准噶尔汗噶尔丹叛乱（1688—1697），并抵抗了当时沙俄对我国东北地区的侵略，签定了中俄《尼布楚条约》，维持了东北边境一百五十多年的边界和平。他在位六十一年，是中国在位时间最长的一位皇帝，他开创了中国封建社会最后一个

盛世——康乾盛世。

景陵是在清东陵所修建的第二座皇帝陵，为彰显对先皇的孝道，在建筑规模上稍逊于孝陵，在参考孝陵的建筑风格及模式上又推陈出新，局部有新的改革和创新。主要表现在：

1. 圣德神功碑亭立双碑

景陵位于孝陵东 2.5 公里处，它的神道在七孔桥北与孝陵神道相接，东行 300 米后北折，第一个建筑即圣德神功碑亭，本着"祖有功而宗有德"的精神，改称"圣德神功碑"。康熙的圣德神功碑亭建得最高最大，并且立了两块石碑，一块刻汉文，一块刻满文。据史记载，即位的雍正皇帝曾指示："我圣祖仁皇帝在位六十余年，功德隆盛，文章字数甚多，一碑不能尽载，宜建立二碑。"于是开创了皇陵圣德神功碑亭立二碑的先河。其碑文长达 4300 多字，洋洋洒洒，记载了康熙一生的丰功伟绩。后来，雍正的泰陵、乾隆的裕陵，还有嘉庆的昌陵，也都仿照康熙的景陵，在他们的碑亭里竖了两通石碑。

碑楼基座为四方形，雄伟壮观，可惜毁于 1952 年的雷火。保存最好的是四角竖着的华表，也称擎天柱，由青白石料雕刻而成，那望天吼、蛟龙活灵活现、姿态各异，栩栩如生。

2. 石像生缩减为五对

神路上自南向北立有狮、象、马、武将、文臣，雕刻得出神入化、细致入微，也平添了几分威武和庄严。狮子起舞，表示着欢庆，大象代表着温顺，大象驮着宝瓶，宝瓶上刻西番莲花，意思是天下太平，文武大臣忠心相聚，保卫着大清江山千秋万代。而事实上，景陵神道两侧的这五对石像生，是乾隆皇帝出于礼制和孝道的考虑为景陵补建的。补建这些石像生，当时由谁来承办的，花了多少银两，迄今还不得而知。

3. 改龙凤门为牌楼门

石像生往北是景陵首创的冲天牌楼门（相当于孝陵主神道上的龙凤门），为五间六柱，中间两柱最高，其余递降，柱为石材。下部南北两侧各置巨大抱鼓石，以增加牌楼的稳固，上设蹲龙，头部分朝东西，好像在向苍天嗷叫，或是把每一位前来观陵的人向皇上通报，气势不凡。门、梁、斗拱、椽为木材，门涂以红漆，梁饰以旋子彩画，顶覆以黄琉璃瓦。牌楼门占地不大，却气势磅礴，壮观精美。

牌楼门所起的作用与龙凤门相同，只是在规制上要相对低一点，表示了康熙对他父亲的尊崇。尽管如此，景陵牌楼门的建筑非常精巧细致，彩画鲜明，别具一格。所以，景陵的这一创举，也被清代后来的皇帝所效仿，成为形制的主流。

此外，在丧葬方面，景陵首开清朝皇帝陵中先葬皇后的先河。康熙二十年三月初八日，清王朝为孝诚皇后、孝昭皇后举行了奉安大典，而真正的陵墓主人康熙则是在几十年后才长眠在这里的。这一点在康熙以前的几位帝王中是没有的。第二，也是从这两位皇后开始，清朝皇室中彻底摒弃了世代相沿火化入葬的习俗，改为真正意义上的土葬。满族在早期是一个游牧民族，以渔猎为生，常年逐水草而居，迁徙不定。这种生活习惯使满族先人形成了人死火化的风俗，将骨灰随身携带，以方便祭奠。清建立之后，努尔哈赤、皇太极、顺治帝等都是火化后入葬的，沿袭未变。直到康熙的孝诚、孝昭两位皇后死后，才改变了这个传统。景陵的建筑风格及丧葬形式大多为后世所效仿，起到了承上启下的作用。

（三）裕陵

所葬人物：乾隆

乾隆是清朝历史上为我们所熟悉的皇帝之一，他生前的好多事迹至今仍被人们津津乐道。乾隆，清高宗，爱新觉罗·弘历，属兔，生于康熙五十年八月十三，卒于嘉庆四年正月初三，终年89岁。乾隆于雍正十三年即位，为清代入关

第四帝，在位共六十年，是中国封建史上在位时间第二长的皇帝，仅次于祖父康熙帝，而且是寿命最长的皇帝。

乾隆一生建树甚多，25岁登基，在父、祖文治武功的基础上，奋发有为，勤于政事。政治上，继续平定国内叛乱，统一新疆，整治西藏，捍卫国家主权和领土完整，加强民族

团结并大力整顿吏治，严惩贪官污吏。在经济上，减免赋税，兴修水利，如修整浙江海塘，屯田开荒。在文化上，更是提倡汉学，编纂大量图书，最为著名的便是《四库全书》。在他统治期下，清王朝成为一个疆域辽阔、国力强盛、经济发展、文化繁荣的统一的多民族国家，把"康乾盛世"推向了顶峰。

但同时，乾隆也实行文化专制，大兴文字狱，几乎遍及全国，大量珍贵的文化典籍都付之一炬；而且他重用大奸臣和珅，致使国库空虚，百姓日渐贫困；再有，乾隆一生之中多次南下游玩观赏，期间奢侈挥霍，耗尽民力财力；乾隆倾巨资在北京西郊修建繁华盖世的皇家园林——圆明园。东造琳宫，西增复殿，南筑崇台，北构杰阁，说不尽的巍峨华丽。此外，他更是精心为自己修建了明堂开阔、建筑恢弘、工精料美、气势非凡的陵寝——裕陵。这些无疑都造成了清朝的日渐衰弱，乾隆中期以后，这个趋势更加明显。

相传裕陵是乾隆自点的穴地。这位古稀天子，文武双全，精通天文地理。有一次私自带着几名贴身侍卫，秘密游览胜水峪，觉得此乃风水佳地，自怀中取出一支玉扳指，孔眼朝天埋到土里，然后返回行宫，第二天带同一班大臣及钦天监再到吉地，由钦天监之监正点穴。这位六十多岁的监正，经验老到，小心翼翼地用罗盘确定金井位置，将一根金簪插进地里。乾隆立即命令两位侍卫前去，把金簪的土慢慢搬开，露出了玉扳指，金簪正好插中玉扳指的孔眼，在场的人无不惊叹。于是于乾隆八年破土动工，修建裕陵。

裕陵建筑规制承袭了祖制，如自南向北设有圣德神功碑亭、五孔桥、石像生、牌楼门、隆恩殿、三路一孔桥、琉璃花门、二柱门、祭台五供、方城、明楼、宝城和地宫等，但是在具体的布局形式上又有新的创新。如在隆恩殿内首例设置佛楼，藏有各种稀世珍宝，以后帝陵纷纷效仿，成为定制。据有关档案记载：乾隆十七年，佛楼内大量藏宝，包括各种珠宝玉器在内的珍玩达到310件套。此后，在乾隆十八年、乾隆四十二年等年份不断有珍宝进奉。这些珍贵的陈设品，都是乾隆帝生前精心挑选，奉旨存放的。再有，裕陵所用石料考究精致，主体建筑的阶条石均为整块石料。裕陵的石料，大小件青白石在盘山大石窝取用，青砂石在马鞍山取用，豆渣石在鲇鱼关、盘山取用。裕陵所用石料

清东陵

为艾叶青，这种石料质地细腻、坚硬，不易风化，是豪华建筑的理想建材。经过实地考察，裕陵小碑楼、东西朝房、隆恩门、东西配殿、隆恩殿以及明楼处所用阶条石，全为整块石料，这在以前及以后陵寝中是不多见的。裕陵修建于清朝国势鼎盛时期，无论在建筑规模还是建筑艺术上都是最引人注目的。

1. 裕陵神功圣德碑

重檐九脊式建筑，黄琉璃瓦覆顶，厚重的墩台四面各辟券门。亭内有两通石碑分别立在两只巨大的龙跃石雕之上，均高 6.64 米，一碑刻有满文，另一碑刻汉文，系嘉庆皇帝御制碑文，由乾隆第十一子、清代著名书法家永瑆书写，价值极高。此碑至今保存完整无损，字迹清晰。亭外广场四角上，各竖一根白色大理石雕刻的华表。每根华表由须弥座、柱身、云板、承露盘和蹲龙组成。柱身上雕刻着一条腾云驾雾的蛟龙，直上盘旋，奋力升腾，栩栩如生。八角须弥底座和栏杆上亦雕满了精美的行龙、升龙和正龙，一组华表上所雕的龙竟达九十八条之多。

2. 裕陵石像生

裕陵石像生有八对，其规模仅次于孝陵，但是种类却与孝陵一样。比其父亲的泰陵、祖父的景陵还多三对。清朝以武定天下，以孝治天下。基于这种思想，后世皇帝在建陵时，在规模、规制上都要较前朝递减，以示孝道。顺治孝陵为入关后第一陵，设置石像生十八对，其子康熙帝在建陵时，即将石像生锐减为五对。而乾隆的裕陵八对石像生分别是文臣、武士、马、麒麟、象、骆驼、狻猊、狮子各一对。石像生对石料的要求非常严格，裕陵石像生须弥座与雕像为一块石料。乾隆裕陵的石像生基座高近半米，面阔进深不等，最矮的狮子高1.55 米，最高的大象则高 3.53 米。这些大块石料从产地运到工地，要几经周

折，颇费人力，再将其精雕成图案美观、玲珑的各种雕像，耗资巨大。

3. 裕陵玉带桥

在裕陵的隆恩殿与陵寝门之间的月牙河上，别出心裁地增置了三座玉带桥。无论是裕陵以前的孝陵、景陵、泰陵，还是裕陵以后的诸帝陵，都无此建置，在清陵中仅此一例。玉带桥东西并排三座，规制相同，只是中桥比两边略宽，每桥有一个桥孔，完全用

青白石拱券而成，券脸上端有吸水兽，龙凤柱头栏杆，桥两端以靠山龙戗住望柱，雕工精美，造型典雅。玉带桥的修建，为陵墓沉闷肃穆的气氛增添了一丝灵气，它构思巧妙、细致到位的雕刻，给人一种耳目一新的感受。

4. 裕陵地宫

裕陵地宫是清陵开放的地宫中，艺术价值最高的一座，裕陵地宫中有经文、佛像等雕刻，每尊佛像都雕刻得栩栩如生，工精绝伦，图案复杂，内容繁多，居清陵之冠。耗工达三年多，为目前所知历代帝王陵寝中最华美的一座。

地宫由九券四门构成，进深54米，落空面积372平方米，由三间长方形的券堂——明堂、穿堂、金堂串连成"主"字形。九券分别为为墓道券、闪当券、罩门券、三个门洞券、明堂券、穿堂券和金券。从第一道石门开始，所有的平水墙、月光墙、券顶和门楼上都布满了佛教题材的雕刻，以佛教的人物、吉祥物、法器、文字为中心内容，以民间吉祥图案为陪衬附加，错加其间，形成一组雕刻有序、内容丰富的群组建筑。

在穿堂券两侧，对称雕刻着"五欲供图"。"五欲供"即明镜、琵琶、涂香、水果、天衣，为佛前的五种供物，莲花底座相托。通过眼、耳、鼻、舌、身五种感官系统，分别觉察到色、声、香、味、触五种欲望。这些供物的含义是眼睛从明镜中可以看到颜色，耳朵可以听到琵琶弹奏的声音，鼻子可以闻到香料散发的香味，舌头可以品出水果的味道，天衣遮住身体会有所触觉。佛祖释迦牟尼在创立佛教时，告诫人们，人生下来就布满了苦难，苦难的来源就是人们对欲望的追求，只有从根本上消除欲望，才能没有烦恼，死后会升入天国，进入西方极乐世界。

最后的券叫金券，是存放帝、后棺椁的地方，也是整个陵寝最重要的部位。在12米宽的青白石宝床上，正中停放着乾隆皇帝的棺椁，两侧分别是孝贤、孝仪两位皇后以及慧贤、哲悯、淑嘉三位皇贵妃的棺椁。金券的顶部刻有三朵硕大的莲花，二十四片花瓣围绕着梵文（古印度文）经咒，和佛像组成花心。佛花的四周簇拥着珊瑚、火珠等吉祥图案。东西墙平水之上雕刻有"五方佛""二十四佛"。明堂券和金券的东西两墙上部雕刻"八宝"，即法螺、法轮、宝伞、盘肠、白盖、金鱼、宝瓶、莲花。

地宫共有四道石门，每扇石门，都由一块高3米、宽1.5米、厚19厘米的汉白玉石雕刻而成，铜管扇管压，使之关闭自如。除第四道石门无门楼外，每座石门门楼都是仿木结构，用整块石料雕成，有瓦垅、脊吻、走兽（即狮子、天王、海马）。脊上月光石上雕有佛像、执壶、孔雀翎、海螺、法杵等吉祥物。石门两边的门对上雕刻梵文咒语和花瓶，门对下部是须弥座，上刻法轮等图案。而且每扇石门上都雕有一尊生动的菩萨立像，分别有大势至菩萨、文殊菩萨、地藏王菩萨、观世音菩萨、除盖障菩萨、虚空藏菩萨、普贤菩萨、慈氏菩萨。菩萨形体的大小与人差不多，个个眉清目秀，头顶莲花佛冠，高髻长发，双耳佩环，袒胸露臂，下身着以羊肠大裙，周身佩饰菊花垂珠，肩披随风飘舞的长巾，双足赤裸，脚下芙蓉怒放，水波涟漪，活灵活现。八尊菩萨各持不同的法器，显示各自不同的本领，保佑亡灵不被侵害。地宫的第一道门洞券里雕刻着四大天王的坐像。四天王也称四大金刚。四大天王为释迦牟尼的外将，他们各居须弥山的一方，保护着东西南北各自天下。手持青锋宝剑的是守护南方的增长天王，"锋"和"风"同音，增长的意思是令众生增长善根，持剑是保护佛法不受侵犯。手弹琵琶的是东方持国天王，琵琶没弦需要"调"音，他既是护法神也是佛国财神，护持众生，他是群龙首领，众龙顺从于他。西方广目天王，手上缠一龙，龙形谐意"顺"。北方多闻天王，右手持宝伞，伞具谐意"雨"。这四位威武凛然、造型精绝的天王各司其职，便组成了风调雨顺、五谷丰登的太平盛世。

除此之外，地宫还有其他精美的以佛教题材为主的佛雕，如三世佛、五方佛等佛像四十六尊。八宝三组、法器、佛花、佛塔两座，还有狮子、宝珠等其他纹饰以及三万多字的藏文、梵文经咒，雕法娴熟精湛，线条流畅细腻，造型生动传神，布局严谨有序，堪称"庄严肃穆的地下佛堂"和"石雕艺术宝库"，是研究佛学和雕刻艺术难得的实物资料。目前在中国已发掘开放的陵寝中，像这样的地宫只此一例。裕陵的这些特征既是乾隆皇帝好大喜功、笃信佛教的个人意志的体现，也是处于鼎盛时期的清王朝综合国力的反映。

（四）定陵

所葬人物：咸丰皇帝

定陵是咸丰皇帝爱新觉罗·奕詝的陵寝，位于乾隆裕陵以西的平安峪，右临涓涓细流的西大河，隔岸是巍巍高耸的黄花山。定陵是整个清东陵最西端的陵寝。据说咸丰曾亲临阅视，认为平安峪"左龙蜿蜒，右虎驯俯，贴身蝉翼、牛角两砂隐约缠护；虾须、金鱼二水界划分明，灵光凝聚，穴法甚真，……洵属上上吉地"。定陵始建于咸丰九年（1859年）四月十三日，由于地形陡峭，所以从神路楼到石像生、神道碑亭、三孔桥直达隆恩门，里程短，布局紧，层层叠落在一条直线上，一目可观全貌，很富有节奏感，于同治五年（1866）十二月完工，前后计有七年半的时间，花费三百多万两白银。

咸丰即位之时正是清王朝逐渐衰落的时期，国家内忧外患。表现在：国内方面，当时第一次鸦片战争已经结束，中国割地赔款，民不聊生，社会矛盾激化动荡不安。1851年洪秀全在广西桂平县金田村发动了太平天国农民起义，并实行了一系列制度，如定都南京，颁布《天朝田亩制度》等，取得了一定的成效。1856年，咸丰依靠汉族地主曾国藩、左宗棠等人和外国侵略者的援助，镇压了太平天国运动。国外方面：第二次鸦片战争爆发，中国被迫签订了一些丧权辱国的条约，使中国进一步沦为半殖民地半封建社会。1860年，英法联军由天津登陆，咸丰携带宫眷逃往热河避暑山庄，于次年病逝。

虽然定陵始建于咸丰九年，但大规模营建还是在咸丰帝崩逝之后，兴工不久，在定陵的规制上曾引发了一场争论。最后，"慕陵规制万古可发，定陵工程可否仿照办理"的方式基本上继承了祖陵规制，但是也采纳了部分建制慕陵的意见，如：撤消了大牌楼、二柱门，地宫不再雕刻经文、佛像等。

或许是由于地理位置上位于最西边的原因，亦或是现在的我们对于那段屈辱的历史仍然铭记于心，也可能是当时内忧外患的形式，总之，咸丰给后人的整体印象是平庸无为，在清东陵的五个皇帝陵寝中，咸丰的定陵似乎已被人们淡忘，关注得不多。而备受世人瞩目的是他的妻子——慈禧，一个清朝末期被权力欲望所熏染的，垂帘听政控制清朝四十余年的女人。关于她一生的正史、野史、演义各种版本都被后人所议论。

清朝埋葬皇后有一条规矩，皇后先于皇帝而崩，可以葬入皇帝的地宫，但

清东陵

石门不闭，等着皇帝死后入葬完毕封闭。皇帝先于皇后而崩，皇帝葬入地宫后立即关门，皇后死后再另建陵寝。早在同治五年（1866），32岁的慈禧就命臣僚、术士赴清东陵陵区为自己和慈安选择陵址。在初选的过程中，有的因水位不良，有的因山势不佳，有的因隔河修御路困难，均未选中。直到同治十二年，同治奉慈禧的旨意，率领臣僚、术士为东、西两宫太后在东陵界内选择的万年吉地做最后勘定。经过几日的勘察，相定一处穴基，认为此地确是"地势雄秀，山川环抱，实乃万古上吉之地"。同治返京后，遂呈陵址蓝图请两宫太后阅示，慈安、慈禧两太后甚是满意，决定选此地为二人万年吉地，并列而建。位置上因慈安为大，陵墓在西，离咸丰的定陵更近；慈禧陵墓在东，离咸丰的定陵稍远。

（五）惠陵

所葬人物：同治帝

清穆宗同治皇帝爱新觉罗·载淳，是爱新觉罗·奕詝唯一的一个儿子。咸丰十一年（1861）即位，年号同治。载淳登基时年仅6岁，因其年幼，咸丰帝临终前命赞襄政务王八大臣辅政，同时又赐"同道堂"印予载淳，"御赏"印予皇后钮祜禄氏，命用两印代替朱笔签发谕旨，以与八大臣互为牵制。但实际上载淳登基后不久，慈禧与慈安两太后便携载淳在养心殿正式垂帘听政。从此，载淳开始了他的傀儡皇帝生活。

在清朝"攘外必先安内"的政策下，同治在位期间先后镇压了太平天国起义、捻军起义等，而当时国际环境是第二次鸦片战争已经结束，清朝割地赔款，在外交上奉行姑息政策，国内外局势趋于平和，经济各方面都有初步的恢复，因此不少人把这段时期称为"同治中兴"。他在位期间还下令修建了圆明园，耗费了巨大的人力、物力。同治帝亲政未及两年，就因病结束了短暂的一生，对

于同治皇帝的病情和死因，传说很多。清代皇帝"脉案档簿"中《万岁爷进药底簿》，详细记录了同治生病期间三十六天的脉案、病情和用药情况，它证明了载淳最后死于天花。

同治帝的惠陵从选址到承建，都是由慈禧一人说了算。他的陵墓位于清东陵的东南方向，双山峪的南麓，坐北朝南，规模较小。建于光绪元年八月，历时三年，耗银 435 万两。惠陵建筑规制依照定陵，除未建圣德神功碑亭和二柱门外，又裁了石像生和接主神道的神路。陵寝外围环以砂山。除东西值班房为布瓦盖顶外，其他建筑屋顶均覆以黄琉璃瓦。惠陵所用木料均为楠梃木，木质坚硬，俗有"铜梁铁柱"之称，因而大木构架至今保存完整。

但是同治帝的惠陵没有石像生，神路也很短，并且没有与孝陵的主神路相连。在清东陵的规制中，所有帝陵的神路均与孝陵的主神路相连，各皇后陵的神路与各自的帝陵神路相连，而只有同治帝陵神路断路，这至今是个谜。

清东陵

三、后妃陵寝

（一）陵外之陵——昭西陵

昭西陵是被誉为"清朝兴国太后"的孝庄文太后的陵寝，清东陵所有的帝后陵墓都在风水墙内，唯独孝庄文皇后的陵墓建在了墙外距离陵园总门户大红门东侧不远的地方，孤零零的，十分显眼。但它陵墓建制完备，规模相当，自成一体，并拥有两层围墙。孝庄文皇后是清世祖顺治帝的生母，内蒙古科尔沁部人，姓博尔济吉特氏，名本布泰，小名"大玉儿"。她是一位在历史上备受争议的传奇女性，一生饱经沧桑，波澜壮阔，经历太宗、世祖、圣祖三朝，辅佐两代幼主，是一位非凡的蒙古族女性。她13岁进宫，62年间辅佐清太宗、清世祖、清圣祖三朝皇帝主政，为清初国家的统一和政权的巩固出了不可磨灭的贡献。康熙这样评价他的祖母："设无祖母太皇太后，断不能敦有今日成立。"她死于康熙二十六年，依制理应运送至沈阳北陵，在皇太极的昭陵旁就近建陵入葬，至于为何她的陵寝安葬在清东陵墙外，野史、正史、演义、传说，众说纷纭。

正史说：她生前曾说太宗奉安已久且心恋顺治康熙父子俩，不忍远去关外，定要在孝陵附近安葬。康熙为感念祖母恩德，特下旨将紫禁城内刚建成的慈宁宫东边的五间大殿拆运至清东陵，为祖母停灵建了"暂安奉殿"。雍正二年，暂安奉殿正式建成陵园，定名为昭西陵。顾名思义是昭陵之西的陵墓；昭陵是皇太极之陵，只是离沈阳有些远罢了。

石刻的圆鼎、香炉和花瓶等石五供排列在她的坟冢之前，在进入宝顶（下

为地官）的丹陛上雕刻着龙凤图样，繁复的汉族图案包裹陪伴着一个蒙古女人的遗体，数百年前东亚大陆的动荡不安与满蒙民族企图控制、整合整个大陆的努力赫然在目。陵寝外围的墙头上，墙也早已残破，从侧面露出一块块的石料和黏土，和长在上方的茅草倒是颇为搭

调，都陷入了荒野自然的氛围中。墙的颜色也已经斑驳，从原先可以想象的耀眼朱红变做了一种介于红色与褐色之间的色调，一种更为沉着温暖的陈旧颜色。由于地势原因，昭西陵未建马沟槽和桥梁涵洞，而且现今绝大部分都已毁，从基址上看，最南端是下马碑，神道碑亭，仅存残碑，这都是超越皇后陵等级的建筑。碑亭东侧为神厨库，仅存围墙。

东西朝房各五间。隆恩门面阔五间，单檐歇山顶，黄琉璃瓦。隆恩门内为一道围墙，开三座琉璃门与内院相通，有燎炉两座。内院东西配殿各五间，只存柱础，隆恩殿为重檐庑殿顶，月台上铜炉、鹤、鹿各一对。殿内暖阁三间。大殿东西两侧有卡子墙，各开一道小门与后院相通。石五供比较低矮，方城下月台前比较陡峭，20世纪60年代明楼被修缮，内立碑一通，满、蒙、汉三文曰"孝庄文皇后之陵"。宝顶为圆形。昭西陵四周地势平坦开阔，没有其他帝后的后帐和东西砂山环绕，显得有些空旷和孤寂。

（二）清东陵第一座皇后陵——孝惠章皇后陵

这是清朝入关以后所营建的第一座皇后陵，孝惠章皇后逝世于康熙五十六年。顺治在世时，由于倾情于董鄂妃，与孝惠章皇后的关系并不融洽。康熙即位，对这位母后却是极尽孝道。据传康熙皇帝以雷霆之怒在"谥号"上为孝惠章皇后争得了正统地位。但是孝惠章皇后死了以后，当时的丧葬制度已经发生了变化，那时已经实行土葬而非以前的火葬，所以她也没法再葬到孝陵里了，只能单独给她修建陵寝。因为孝东陵是第一个皇后陵，所以它给后来的一些皇后陵的营建和妃园寝的营建建立了一个模本，也确立了一种规制。

皇后陵以黄色琉璃瓦覆顶，采用前朝后寝的建筑规制。神路区仅设一路三孔桥，宫殿区不设二柱门，其余则与皇帝陵相同。但由于当时制度尚不完备，在该陵内又埋葬了二十八位顺治帝的妃嫔，因此形成了皇后陵兼妃园寝的独特局面。陵园的隆恩门外，建有东西朝房，配有隆恩殿、东西配殿，由方城、明楼、宝顶和石五供等为主要建筑的后寝等。慈安皇太后和慈禧皇太后的定东陵是清王朝营建的最后两座皇后陵，其规制基本参照了孝东陵。

（三）规制最高的皇后陵——慈禧陵

慈禧太后（1835—1908），姓叶赫那拉氏，镶蓝旗满族人，生于京城劈柴胡同。咸丰二年选入宫中，她精娴文艺，歌声委婉动人。生子载淳，次年晋贵妃。咸丰帝病死于热河避暑山庄的烟波致爽殿，临终前立大阿哥载淳为皇太子，27岁的那拉氏懿贵妃，"母以子贵"而被尊为圣母皇太后，上徽号"慈禧"，称慈禧太后。又因其居住烟波致爽殿西所，故又俗称西太后。慈禧太后与恭亲王奕訢发动政变，处死、革职八大臣后，垂帘听政，历同治、光绪两朝。她镇压太平天国及捻军起义，她批准兴办近代军事及洋务事业。光绪支持戊戌变法，但遭慈禧封杀。她幽禁光绪帝，捕杀维新人士。她利用义和团运动对外宣战，八国联军入侵后她逃往西安，下令剿杀义和团。她派李鸿章等签订《辛丑条约》后挟光绪返京。光绪三十四年病死，葬清东陵，谥号"孝钦显皇后"。慈禧，一个中级旗籍官员的女儿，却因为选秀的偶然机遇，进入紫禁城，并且一步一步走上了权利之巅，在清朝末年的历史上留下了着力的一笔，在近半个世纪里，慈禧太后以一个妻子、一个母亲和一个女人的身份管理着这个古老的帝国。

慈禧、慈安两座皇后陵于1873年同时开工兴建，1879年同时完工，用时六年，耗银各超过二百万两。两座陵寝在清代皇后陵中均属上乘，但慈禧还不满足。慈安驾崩后，慈禧独揽大权。光绪二十一年（1895），光绪帝接到奏折，反映慈禧陵有渗漏、腐朽、爆裂等现象，要求派人查勘、修复。光绪不敢怠慢，派人到东陵查验，并制定方案和修复预算。此时的慈禧已经掌握了朝政，大权在握，得知自己的陵寝需要维修，十分关注，并亲点自己的心腹庆亲王奕劻和兵部尚书荣禄为承修大臣，负责此事。光绪三十四年十月重修工程完成，十八日验收完毕，四天后慈禧归天。重修工程历时十三年，是初建时的二倍，耗银无数。

1. 三绝

重修后的慈禧陵三殿是清代皇陵中最为豪华的，以木绝、金绝和石绝"三绝"著称于世。

木绝：三殿的梁架全部采用名贵的黄花梨木制成。黄花梨木学名降香黄檀木，又称海南黄檀木、海南黄花梨木，主要产于中国海南岛吊罗山尖峰岭低海拔的平原和丘陵地区，多生长在吊罗山海拔100米左右阳光充足的地方。其木材的名贵程度仅次于紫檀木，这种材料颜色不静不喧，恰到好处，纹理或隐或现，生动多变。花梨木颜色从浅黄到紫赤，木质坚实，花纹精美，呈八字形，锯解时芳香四溢。中国海南产的花梨木最佳，其显著特点是花纹面上有鬼脸即树结子为最佳，花粗色淡者为低。另一特点是其心材和边材差异很大，其心材红褐至深红褐或紫红褐色，深浅不匀，常带有黑褐色条纹，其边材呈灰黄褐或浅黄褐色。明清时考究的木器家具都选黄花梨制造，被视作上乘佳品，备受明清匠人宠爱，特别是明清盛世的文人、士大夫之族对家具的审美情趣，更使得这一时期的黄花梨家具卓而不群。无论从艺术审美，还是人工学的角度来看都无可挑剔，可称为世界家具艺术中的珍品。

金绝：慈禧陵隆恩殿四周的汉白玉石栏杆、栏板和望柱上，都雕刻着精美的龙凤呈祥、水浪浮云等图案。殿前的龙凤彩石，不仅用透雕的高超工艺，而且凤戏龙的图案更为别致。殿内处处布满雕刻的贴金砖，四角的盘环，中间是五福捧寿万字不到头的雕砖花纹，全是突雕，有强烈的空间感。明柱上有浮雕的金龙盘绕周围。斗拱、梁枋和天花板全部贴金彩绘，使大殿显得金碧辉煌，光彩夺目。隆恩殿和东西配殿内金龙和玺彩画，在原木上直接沥粉贴金。三殿内外彩画共有2400条金龙，分为行龙、卧龙、降龙，千姿百态、光彩夺目。我们知道，代表皇权最高威严的紫禁城金銮殿（太和殿）内只有六根贴金明柱，而慈禧陵三大殿六十四根柱上都缠绕一条半立体铜镏金的盘龙。龙首向下，龙尾向上，在龙须上设弹簧，随着空气流动，龙须自行摆动，美妙无比。三殿墙壁也不同于其他后陵，内壁雕刻成"五福捧寿""四角盘肠""万字不到头"图案，全部筛扫红、黄金（所谓扫金，就是把金粉和上胶水用毛笔画上去，凹的地方扫的是黄金粉，凸的地方扫的是赤金粉，赤、黄两金交相辉映，艺术效果更加强烈）。整座殿堂金碧辉煌，其精美、豪华令人瞠目，据载，仅三殿用叶子金就超过4500两，使之显得更加金碧辉煌，金饰的豪华堪称一绝。

石绝：殿前龙凤丹陛石上的雕刻更是石雕中的珍品。丹陛石又称陛阶石或龙凤彩石。传统的丹陛石是左龙右凤，龙头在上、凤头朝下，龙凤呈祥的格局，

清东陵

而慈禧隆恩殿前的丹陛石却一反常例，将代表皇后的凤凰雕刻在了代表皇帝的龙的上面，形成了凤压龙的格局。加之高浮雕与透雕所创造的栩栩如生的立体感和凤舞龙飞气势，在龙嘴、龙尾、龙须、凤嘴、凤冠等部位有十处透雕，立体感极强，形象更为逼真，将至高无上皇权的性别强调指向极致。

隆恩殿汉白玉石栏的所有栏板上，都用浮雕技法刻成前飞的凤与后追的龙的图案。七十六根望柱的柱头全部雕刻着翔凤，凤的下面，便是雕在柱身里、外侧的两条龙。这种出自皇室的独一无二的"一凤压两龙"的造型，与石栏板上龙追凤的图案彼此呼应，一起强化并张扬着皇权的性别寓意。据说凤代表慈禧太后，两条龙一条代表她的儿子同治皇帝，另一条代表她的外甥光绪皇帝。整体构思寓意着慈禧曾两度垂帘听政，挟制同治、光绪两朝皇帝，统治中国达48年之久的历史。

2. 地宫

慈禧地宫由五券二门组成，在金券内停放一具金椁，为金丝楠木所制，外髹四十九道漆，最外层罩金漆，还书写了四大天王的经咒。金椁内尚有一具红漆填金内棺，棺盖上刻有九尊团佛及凤戏牡丹、海水江崖。棺外满布金藏文经咒。

慈禧死于光绪三十四年（1908）十月二十三日。按内务府簿册所载，除数不胜数的珠宝玉器外，在棺中还随葬了大量稀世珍宝。据清宫档案《大行太皇太后升退纪事档》记载，慈禧生前先后向金井中放了六批珍宝。而下葬时随葬的珍宝究竟有多少？她的心腹太监李莲英亲自参加了慈禧棺中葬宝的仪式。据他和侄子所著的《爱月轩笔记》记载：慈禧尸体入棺前，先在棺底铺三层金丝串珠锦褥和一层珍珠，共厚一尺。头部上首为翠荷叶，脚下置粉红碧玺莲花。

头戴珍珠凤冠，冠上最大一颗珍珠大如鸡卵，价值一千万两白银。身旁放金、宝石、玉、翠雕佛爷二十七尊。脚下两边各放翡翠西瓜、甜瓜、白菜，还有宝石制成的桃、李、杏、枣二百多枚。身左放玉石莲花，身右放玉雕珊瑚树。另外，玉石骏马八尊，玉石十八罗汉，共计七百多件。安葬完毕，又倒入四升珍珠，宝石二千二百块填棺。而按内务府簿册载，殓入棺中的珠宝玉器无论在数量还是种类上都极为惊人，几乎是一个"珠宝玉器大全"。

慈禧死后二十年，即1928年7月4日至10日。军阀孙殿英盗掘了乾隆帝的裕陵和慈禧陵，毁棺抛尸，掠走了全部随葬珍宝。

（四）双妃园寝

在景陵东边是清朝妃园寝中入葬人数最多的景陵妃园寝，里面共葬了康熙皇帝的四十八位妃嫔和一个阿哥。景陵没有皇后陵，但是在景陵妃园寝的东边，还有一个妃园寝，两座绿色琉璃瓦明楼并肩而立，规制显然超出了前者，除琉璃瓦采用绿色，其余规制几乎与皇后陵等同。园寝的宫门、大殿、明楼、墙帽等均为绿琉璃瓦盖顶，宫门外诸建筑的屋顶均为灰布瓦。享殿前设有陛阶石，石上雕刻着"丹凤朝阳"图案，丹凤独立山石，口衔灵芝，仰望旭日；漫天祥云缭绕，海水抨崖，气势宏伟。一般的妃园寝宝顶建于月台之上，不设明楼，不建东西配殿，享殿前不设陛阶石。这座妃园寝布局独特，建筑华美，堪称清朝诸妃园寝之冠。它也是附属于景陵的妃园寝，那么为何在景陵中会出现两个妃园寝呢？

在《清高宗实录》中，乾隆皇帝的一道上谕揭开了这个谜。乾隆二年五月二十日发出的一道上谕中写道："朕自幼龄仰蒙皇祖慈爱，抚育宫中。又命太妃皇贵妃、太妃贵妃提携看视。两太妃仰体皇祖圣心，恩勤备极周至，朕心感念不忘，意欲为两太妃千秋之后另建园寝。"这座另立于景陵妃园寝之外的"双妃园寝"，是乾隆皇帝为报答两位奶奶的抚育之恩而建的。

（五）扑朔迷离的香妃

香妃的名字广泛流传是在民国之后。1914年，故宫古物陈列所从沈阳故宫和承德避暑山庄调来一批文物展览，其中有一幅年轻女子的戎装像。据传该画背面有说明文字指出："香妃者，回部王妃也。美姿色，生而体有异香，不假熏沐，国人号之曰香妃。"

香妃的故事历来非常动听。传说她"玉容未近，芳香袭来，既不是花香也

清东陵

不是粉香，别有一种奇芳异馥，沁人心脾"。她是新疆回部酋长霍集占的王妃，回部叛乱，霍集占被清廷诛杀，将军兆惠将香妃生擒送与乾隆。尽管乾隆对她百般讨好，为她兴建宝月楼，重建她的家乡风景，以解她思乡之苦，但香妃仍然抵死不从，还一度想刺杀乾隆，为族人报仇，最终被清朝的皇太后绞杀。死后，将其运回家乡安葬，故新疆喀什有香妃墓。

　　据有关专家考证，真正的香妃其实是乾隆四十一位后妃中唯一一位来自维吾尔族的女子，宫中赐号曰"容妃"。容妃（1734—1788），原名伊帕尔汗，比

乾隆帝小二十三岁。乾隆二十二年（1757），回部大、小和卓发动叛乱，清朝派兵入回疆平叛，伊帕尔汗的五叔额色尹、哥哥图尔都配合清军作战，立了战功。乾隆二十四年（1759）平叛之后，乾隆封额色尹为辅国公，封图尔都为一等台吉（仅次于辅国公的爵号）。次年，图尔都送妹妹伊帕尔汗氏入宫，以示联婚友好。容妃在宫中深受乾隆帝的宠爱，乾隆多次出巡，都邀她同行，在宴席上居西桌之首位，后来升至东桌二位，这是仅次于皇后的席位。1766年，皇后乌喇那拉氏死后，乾隆帝不再另立皇后。她在宫中的地位更高了，位在令懿皇贵妃（嘉庆帝生母）和其他几位高级妃子之下。乾隆还建了宝月楼，让容妃居住。容妃葬于清东陵的裕陵妃园寝内。她就是传说中香妃的原型。

四、清东陵文化特色

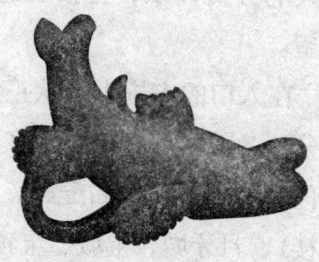

清东陵所葬的帝王皇储、皇后宫妃中有很多对清朝历史有着举足轻重的作用，比如说：第一个入主中原并在紫禁城称帝的满人顺治皇帝；皇太极的爱妃、少年天子顺治帝的生母、康熙大帝玄烨的祖母、与清初三位皇帝都有着极为密切关系的孝庄文皇后；年仅八岁即位，却是历史上在位时间最长并开创了"康乾盛世"的圣祖康熙大帝；把"康乾盛世"推向高峰，充满传奇色彩的高宗乾隆皇帝；两度垂帘听政，统治中国达四十八年之久的慈禧太后……这些人，都曾在清朝历史上扮演过重要角色，主宰国家命运，见证着朝廷的每一次变革风云，在国内外都具有极高的知名度。从此种意义上来说，清东陵陵寝所折射出来的历史价值是无法估量的，太多的历史已尘封在古老的建筑之中。那恢弘肃穆的建筑、精美绝伦的雕刻以及人物传说故事渗透着浓重的历史沧桑，让一代又一代人流连忘返。

（一）中国皇家陵园的代表作

清东陵是中国陵墓营建活动高峰期的代表作。

首先，从环境方面看，清东陵融合了山川、河流、树木、植被等众多天然因素，松柏成荫，郁郁葱葱，环境幽深而别致。

其次，从山川地形来看，清东陵地势向阳，沿燕山余脉而建，北以昌瑞山为后靠，南以金星山为照山，西侧以黄花山为右弼，东侧以鹰飞倒仰山为左辅，又有河流恰似玉带左环右绕，浑然天成。

第三，从陵寝格局来看，清东陵陵墓从规划建制到建筑造型均仿照明朝，采用集中陵区的手法，15 座陵寝是按照"居中为尊""长幼有序""尊卑有别"的传统观念设计排列的，以孝陵为中心，其余皇帝按辈分的高低分别在孝陵的两侧呈扇形，东西排列。突出了古代"长者为尊"的伦理孝道观念。而皇后陵和妃园寝都是建在本朝皇帝陵的旁边，又显示了古代男尊女卑、以夫为天的观念。此外，在神道的设计上，凡皇后陵的神道都与本朝皇帝陵的神道相接，而各皇帝陵的神道又都与处在陵区中心轴线上的孝陵神道相接，形成一个庞大的分支体系，直接表达了清朝统治者生生不息、国运绵长、江山万代的愿望。

在入口的安排上，从正红门开端，经统一的神道石像生、碑亭及华表，然后分达各陵区。其布局顺序为：五孔石券桥、牌楼、碑亭、三孔券桥、大月台、宫门、隆恩殿及左右配殿，而后为石平桥、月台、琉璃门、五供、方城（上立明楼）、月牙城、宝城、宝顶。皇帝、皇后、亲王、公主、嫔妃的陵制级别相当严格，形成了一套程式化的规则。

最后，清东陵各座陵寝的序列组织都严格地遵照"陵制与山水相称"的原则，既"遵照典礼之规制"，又"配合山川之胜势"。在这方面，世祖顺治皇帝的孝陵足可称为成功之范例。

（二）清东陵的文化价值

清东陵作为中国现存规模最为宏大、体系最为完整、保存最为完好的帝王陵墓建筑群，自 1663 年开始营建，历时二百四十七年才结束。最早的建筑物距今已三百余年，最晚的建筑物距今也近百年，不仅正面反映了从清初到清末陵寝规制演变的全部过程，给我们提供了珍贵的实物资料，同时也从一个侧面记录了清王朝由盛转衰直至消亡的历史，具有不可磨灭的价值。

中华民族历来就具有"敬祀祖先，慎终追远"的传统美德，十分重视对死者的安葬和祭祀，这不仅是为了缅怀和纪念，也借此祈求祖先对后世的荫护。中国历代封建王朝提倡"厚葬以明孝"，每临皇帝死去，不惜用大量的财力、人力为其建造巨大的陵墓。这些陵墓是中国封建时代对灵魂信仰的集中体现，凝聚着一个时期的政治思想、道德观念和审美趣味。同时，这种动用国家力量建造的陵墓，也反映了当时的经济状况、科学技术水平和营造工艺水平，是中国丧葬艺术的最高表现形式和建筑典范。作为清代皇家陵园之一的清东陵正是这一传统文化承接的载体，并且继续得以发扬光大。清东陵的经营跨越了近两个半世纪的时空，几乎贯穿清王朝兴衰始末，葬有许多清代历史上声名显赫、颇有影响的人物，蕴涵着丰富的历史信息，不仅是研究清代陵寝规制、丧葬制度、祭祀礼仪、建筑技术与工艺的不可多得的实物资料，而且也是研究清代政治、经济、军

事、文化、科学、艺术的典型例证。清东陵具有重要的历史价值、艺术价值和科学价值，是中华民族和全人类的文化遗产。

　　清东陵作为中国最后一个封建王朝的陵地，在各陵寝的建筑做工、用材、装饰及建筑物的配置等方面，皆反映了清代的经济由盛到衰的历史；从陵制的更易上可觅出宫廷政治斗争的蛛丝马迹；大量艺术作品的题材深刻反映了清代文化风貌。清东陵荟萃了前朝建筑艺术的精华，达到了中国古代建筑艺术的顶峰，已于 2000 年 11 月 30 日，在澳大利亚凯恩斯举行的第 24 届世界遗产委员会缔约国大会上，被成员国全票通过列为世界文化遗产。

五、清东陵被盗之谜

清东陵因其葬有孝庄、康熙、乾隆等清朝历史上赫赫有名的君主帝后而闻名于世，更因为独特的建筑结构和特有的文化内涵而被后人所瞻仰，但是以上种种皆抵不上 1928 年 7 月发生的清东陵盗墓大案让人震撼。孙殿英，一个国民党杂牌军的小头目，敢冒天下之大不韪带领他的部队，对清东陵进行了七天七夜无休止的掠夺和破坏，一时之间举世震惊。

（一）孙殿英简介

孙殿英，乳名金贵，字魁元。河南永城县孙家庄人，一般人都叫他孙老殿，年幼时因出过天花而得外号"孙大麻子"。其父亲与旗人斗殴，将人打死后入狱，后来死于狱中。其母亲对他非常溺爱，使其从小养成了无法无天，好斗的性格。他十几岁时开始跟着当地流氓地痞鬼混，经常出入赌馆，很快成为一个闻名的赌棍。后来又从事鸦片贩运，并加入河南西部的民间组织庙会道，凭着过人的机灵逐渐混到庙会道的头目。因肯下血本各方打点，他贩运鸦片、制造毒品远销上海，获利极丰。1922 年，他拉着一批道徒投入河南陆军第一混成团团长兼豫西镇守使丁香玲部，从副官升任机关枪连连长。挂名当了军官之后，他占山为王，搜罗教匪，扩充队伍，自称旅长。1924 年第二次直奉战争时，驻豫西直军开赴前线，他利用这个机会，进一步招兵买马，队伍扩大至数千人。

在 1925—1928 年间孙殿英先后投奔憨玉琨、叶荃等人，并于 1925 年投靠同样土匪出身的张宗昌，并颇受其赏识。在 1926 年春，张宗昌与李景林合向国民军反攻，孙殿英率部袭击了国民军第三军所属徐永昌部，为张立下了显赫战功，张宗昌即将孙殿英部改编为直鲁联军第三十五师，后又扩大编制，以孙殿英为军长。当直鲁联军在北伐军打击下节节败退之际，善于见风使舵的孙殿英又投靠时任国民革命军第六军团总指挥的徐源泉，接受蒋介石改编，任第十二军军长，有了冠冕堂皇的称号。

1928 年正是军阀混战、民不聊生的荒乱年月，此时孙殿英率部驻扎蓟县马伸桥，这里与清东陵只有一山之隔。由于粮饷被克扣，军心不稳，有着哗变的危险，形势严峻。正在孙殿英苦思解决办法之际，忽听东陵方向传来枪响，派人前去侦察。一会儿，探子来报，说离这儿不远的马兰峪有土匪火拼，原因是争抢所盗东陵之宝。此时愁眉苦脸的孙殿英忽然萌发了盗墓的念头，随即回到指挥部便召集人员密谋盗陵之事。

（二）夜盗皇陵

1928 年 7 月初，当时有个惯匪马福田，探知东陵地区无人看守，就伙同其他匪徒窜到东陵盗宝。孙殿英闻讯，抓住这个时机，调动一团兵力，开到马兰峪，以军事演习为名封锁了马兰峪东陵。并在马兰峪各街道路口的墙壁上贴出了第十二军的布告，告示从即日起在东陵进行军事演习，严禁黎民百姓入内，并限令演习区域的居民必须从速迁出，否则发生意外概不负责。老百姓看了布告，谁敢不搬，连那些守护陵寝的旗丁，也一个不剩地出了陵区。孙殿英唯恐泄露机密，又在陵园四周设置警戒，不许任何外人入内，并散出谣言，说陵园四周布有地雷。这样一来，更没有人敢靠近陵区一步了。

首先被挖掘的是慈禧普陀峪定东陵，最为主要的原因是慈禧陵墓以奢侈豪华而著称于世，此外慈禧安葬的时间很近，很多线索尚且有迹可循。

从 7 月 4 日开始，工兵营在陵寝各处寻找入口，但是连续挖了两天两夜也没有找到。孙殿英急了，派人把当地地保找来。当地保听说是要为盗皇陵当"参谋"，顿时吓得脸色蜡黄，两腿直打颤，但又惹不起这个军长，只好以陵寝面积太大为由，推说具体位置不太好找，提议问问附近的老旗人。孙殿英立即派手下找来了五六个老旗人，继续询问。但是这些老人也不知道地宫的入口，于是孙殿英逐渐失去了耐心并对他们用刑，用鞭子抽，烙铁烙。由于这些老人年事已高，根本经不起折腾，不消片刻就死去两个。有一个实在受不了，说出了离此地十多公里住着一位姜石匠，他曾参加修筑陵墓，兴许还能记得进地宫的位置。

在当时，统治者为了不让外人知道地宫入口，修筑皇陵的最后一道工序隧道的工匠，往往都被处死。那么姜石匠又是如何活下来的呢？这里面有一段奇事。原来是一个偶然的机会救了他的命。当时慈禧入葬时，在工匠中挑出八十一人最后封闭墓道，并告诉石匠们可以从另一事先挖好的隧洞出去。工匠们心里明白得很，这只不过是历朝沿袭下来的骗局，既然被留下了，就别想活着出去。这个姜石匠当时四十多岁了，几天前听乡里人带信，说他老婆给他生了个儿子，可把他乐坏了，可是想到眼前的状况，现在被留在皇陵可能连儿子一眼都看不到了，心里不是个滋味。他在搬动石头时走神，脚下一滑，一块大石头砸在身上，当场就昏过去了。当时正忙碌中的监工以为他死了，怕玷污了金券（即寝宫），便叫人拖出去扔到荒山坡。姜石匠醒来时发现自己不在陵墓工地，又惊又喜地拼命跑回家，这样才侥幸捡了一条命。

深更半夜，姜石匠突然被几个军人请到东陵来，他迷迷糊糊不知发生了什么事。但是当孙殿英对姜石匠威逼利诱，让他指出慈禧寝宫的墓道入口然后就送他回家并许之以金条、元宝时，姜石匠顿时清醒，吓得小腿肚子直抽筋，跌坐在椅子上。他想，我怎么能做出出卖祖宗的事呢？于是一言不发。孙殿英被惹火了，吩咐手下搬来刑具准备用刑，转而一想，如果姜石匠经不住用刑，死了，我上哪儿去找墓道入口？于是又没有上刑。孙殿英把桌子一拍："不说？把你儿子抓来，老子非扒了他的皮不可！"这一招真灵，还没等孙手下的人出门，姜石匠就扑通一声跪了下来。在石匠的带引下，墓道口找到了，但是道口被多层花岗石堵得严严的，而且这些石头都用糯米石灰浆粘固，没有任何缝隙，

工兵用了很多办法都无法打开石障。孙殿英一看急了，干脆叫部下运来炸药，牵上导火索。只听"轰、轰"几声震耳欲聋的巨响，慈禧陵墓的墓道被炸开一个大窟窿。孙殿英带领手下进入地宫，开始了无休止的抢夺，将地宫宝贝洗劫一空。随后，孙殿英又以同样方式炸开了乾隆的峪陵，直到7月11日，经过七天七夜的疯狂盗掘，孙殿英部

满载离去。

（三）珍宝去向

东陵珍宝至今流落何处？民间传说，孙殿英将盗掘得来的部分东陵宝藏贿赂给了上司徐源泉，徐源泉便将宝藏埋在了自家公馆的地下秘室中。但是经多方面考察，并未发现传说中的藏宝地道。如果东陵的宝物没有藏在徐公馆，那么这批东西又会在哪里呢，会不会在孙殿英自己的手里呢？大量事实证明，尽管上交了两箱珠宝，摆出一种公事公办毫无徇私的姿态，许多事实却证明，孙殿英手中仍有大量的珠宝赃物，但是已经无法得知其流向。那些被盗的珍宝或被用来行贿，或被变卖，或被毁坏，或被走私海外，至今均下落不明，但经人们的口耳相传，它们都被笼上了神秘的色彩。有人估计，1928年东陵被盗走的稀世珍宝价值过亿。

清
东
陵

中国皇陵

秦始皇陵

　　秦始皇陵是世界上规模最大、结构最奇特、内涵最丰富的帝王陵墓之一，是可以同古埃及金字塔和古希腊雕塑相媲美的世界人类文化的宝贵财富，它的发现本身就是20世纪中国最壮观的考古成就，充分展现了两千多年前中华民族巧夺天工的艺术才能，是中华民族的骄傲和宝贵财富。"世界第八大奇迹"，使秦始皇陵为更多的世人所知，世界文化遗产的桂冠，为秦始皇陵更增光彩。

一、千古一帝——秦始皇

(一) 千古一帝身世难寻

秦始皇（公元前259—公元前210），是中国历史上第一个封建王朝——秦王朝的始皇帝，被后人称为"千古一帝"。因其生在赵国，故名赵政。又因其祖先在伯翳时被赐姓嬴，所以又称嬴政。

在这位千古一帝的身上，笼罩着层层的谜团，关于他的亲生父亲是谁，历史上就有两种不同的记载。据《史记·吕不韦列传》中记载：秦始皇的母亲原本是吕不韦的姬妾，吕不韦出于政治目的将已怀孕的赵姬献给秦庄襄王，过了十个月，赵姬生一子为嬴政。这段记载表明秦始皇是吕不韦的私生子。又据《史记·秦始皇本纪》中记载："秦始皇帝者，秦庄襄王子也。庄襄王为秦质子于赵，见吕不韦姬，悦而取之，生始皇。"这段记载又说秦始皇是秦庄襄王的儿子。无论秦始皇的亲生父亲是何许人，唯一可以肯定的是，秦始皇的亲生母亲是吕不韦的姬妾——赵姬。吕不韦认为终有一日可凭借在赵国做人质的秦庄襄王而登上权力的顶峰，于是不仅把自己的姬妾献给了秦庄襄王，还花费千金把他送回秦国，作华阳夫人的儿子，秦庄襄王被立为太子。公元前251年，秦昭王去世，孝文王即位，由于年岁已高，不到一年也离开了人世，于是庄襄王名副其实的当上了国君。而吕不韦因有功，也被封为秦国丞相，从一个大商人变成了一个政治家。

(二) 登上皇位铲除异己

公元前247年，庄襄王去世，嬴政即位为秦王。其当时年少，国政由相国吕不韦把持，嬴政尊吕不韦为仲父。吕不韦在把持朝政的同时，又私下偷偷地与太后（赵姬）偷情。但吕不韦知道这并非长久之计，秦始皇一天天地在长大，早晚有一天会发现自己和太后的奸情，到时自己不仅会丧失已掌控在手中的大权，说不定还性命不保。考虑到这些，吕不韦就想离开赵太后，但又怕赵太后怨恨自己，所以献假宦官嫪毐给太后，嫪毐假施宫刑，只拔掉胡子就进宫了，不久就

和赵太后终日厮混在一起。两人怕秦始皇知道此事，就骗他说太后的寝宫风水不好，应该搬离这里。嬴政信以为真，于是嫪毐和赵太后搬到离嬴政远一些的地方，结果没多久，太后就生下了两个私生子，而假宦官嫪毐亦以王父自居，在太后的帮助下封长信侯，领有山阳、太原等地，自收党羽。嫪毐在雍城长年经营，建立了庞大的势力，是继吕不韦之后又一股强大的政治势力。

嫪毐难免小人得志，一次喝醉酒后，他对一个大臣斥责道："我是秦王的假父，你竟敢惹我。"这个大臣听后很生气，于是暗中找机会告诉了秦王政。嫪毐知道后慌了手脚，匆忙之中准备叛乱。

公元前238年，秦王政在雍城蕲年宫举行22岁的冠礼。嫪毐动用秦王御玺及太后御玺发动叛乱，攻向蕲年宫。秦始皇早已在蕲年宫布置好了三千精兵，将嫪毐的叛军打败。嫪毐见势又转打咸阳宫，那里也早有军队准备，将嫪毐的叛军一网打尽。嫪毐见已无胜算，便一个人匆忙地落荒而逃，没过多久就被逮捕了。嬴政将嫪毐五马分尸，曝尸示众；又把母亲赵姬关进雍城的阳宫。随后又免除了吕不韦的相职，把吕不韦放逐到巴蜀。秦王政至此掌握了国家的实权，成为名副其实的秦王朝的统治者。

（三）统一中国首称皇帝

秦王政22岁亲政后，加速了秦统一全国的过程。自公元前230年至公元前221年，他采取远交近攻、分化离间的策略，发动了攻灭六国的战争。先后于公元前230年灭韩、公元前228年灭赵、公元前225年灭魏、公元前223年灭楚、公元前222年灭燕、公元前221年灭齐。建立了中国历史上第一个统一的多民族的专制主义中央集权制国家——秦帝国，而秦朝也是中国封建制王朝的开始。

秦王政统一全国后，认为自己"德兼三皇，功过五帝"。故自称为"皇帝"。在古代，"皇"有"大"的意思，人们对祖先神和其他一些神明，有时就称"皇"。"帝"是上古人们想象中的主宰万物的最高天神。赢政将"皇"和"帝"两个字结合起来，说明了他想表示其至高无上的地位和权威，是上天给予的，即"君权神授"；另一方面也反映了他对只做人间统治者的不满足，还要当神。秦王政做了中国历史上第一个皇帝，自称"始皇帝"。他又规定：自己死后皇位传给子孙时，后继者沿称二世皇帝、三世皇帝，以至万世。秦始皇梦想皇位永远由他一家传承下去，传之无穷。从此以后，"皇帝"就成为中国国家最高统治者的称谓。

与此同时，秦始皇建立了一套从中央到地方的政治机构：在中央，设丞相、太尉、御史大夫，丞相、太尉、御史大夫以下，是分掌具体政务的诸卿；在地方，废除以往的分封制，改行郡县制。地方行政机构分郡、县两级。郡县主要官吏由中央任免。这样从上而下建立了一套完整的、金字塔式的封建官僚体制。秦始皇通过这套体制，将国家大权紧紧地握在自己的手中。这套中央集权机构的政权机构，以后也一直被历代王朝所仿效。

除此之外，秦始皇还从社会的各个方面进行全面的统一。统一了文字，统一了货币和度量衡；统一了车轨（轨，即两个车轮间的距离）；端正风俗，建立起了统一的伦理道德和行为规范。

（四）暴虐无道暴死途中

秦始皇在实行巩固统一措施的同时，又干起了种种残暴的事情。如秦灭六国之后，就开始修筑长城，每年征发民夫四十余万。在当时生产力极度低下，男人辛勤劳作尚不能果腹，女人纺布都无法蔽体的情况下，征调如此之多的民力去从事非生产性的劳动，造成的结果只能是伏尸遍野、血流成河。"孟姜女哭倒长城"的民间传说，也从一个侧面反映了普通百姓对修筑长城的怨言和对秦的黑暗统治。不仅如此，秦始皇还在全国各地修建了众多的离宫别

馆，在统一六国之后，又修建了豪华的阿房宫，最多时用工达七十二万人，

文化方面，由于当时社会上百家争鸣，严重阻碍了秦始皇对征服的原六国民众思想的统一，并威胁到了秦朝的统治。于是，秦始皇为了统一原六国人民的思想，于公元前213年开始销毁除秦国以外的所有史书，民间只允许留下有关医药、占卜和种植的书。公元前212年，秦始皇因两个方士私自逃跑且诽谤皇帝，在当时秦首都咸阳将四百六十余名儒士坑杀。这便是历史上所称的"焚书坑儒"，这是对中国文化的一次重大洗劫与摧残。

秦始皇还很迷信。他害怕死，害怕所得到的一切不能永远属于他，于是相信了方士所说的"长生不老"的邪说。派方士到各地为他寻找长生不老之药，耗费了巨大的财力和人力，加深了人民的苦难。因此当时被榨干血汗的老百姓，都诅咒暴君秦始皇不得好死。

公元前210年，始皇外出巡游时在沙丘平台（在今河北省邢台市）逝世。丞相李斯怕皇子们知道皇帝已在外地逝世乘机制造变故，就对此事严守秘密，不发布丧事消息。棺材放置在既密闭又能通风的凉车中，让过去受始皇宠幸的宦官做陪乘，每走到适当的地方，就献上饭食，百官像平常一样向皇上奏事。当时正赶上暑天，秦始皇的尸体在辒凉车中发出了臭味，李斯就下令让随从官员往车里装一石有腥臭气的鲍鱼，让人们分不清尸臭和鱼臭。一路行进，最后从直道回到咸阳。皇少子胡亥继承皇位，为二世皇帝。同年九月，秦始皇被安葬在骊山。

这位中国历史上的第一位皇帝，终于结束了他的一生。他所创立下的历史功绩与他的暴虐无道使他成为历史上一个备受争议的人物。同样的他也为后世留下了许多不解的谜团。

秦始皇陵

二、历史的巨创——秦始皇陵

（一）为什么是骊山

骊山是秦始皇陵的所在地，在今陕西西安东行20里处，故秦始皇陵又称为"骊山陵"。我们不禁要问，为什么秦始皇要把墓址选在骊山呢？作为一个皇帝，选择自己死后的归属地总该有一定原因吧。

传说中，骊山与秦始皇有着千丝万缕的联系。

秦人虽然崛起于西陲，但有传说讲道：秦人的一位祖先申侯对周孝王说，他们的先人是骊山之女，之所以叫她骊山之女，是因为中国之君在骊山娶亲而生下此女，于是便以母亲的家乡作为女儿的名字，叫作骊山女。因为有了这种枝叶与根的联系，秦人也就从此归了周朝，并开始在这秦川道上繁衍生息开来。如今的骊山上确有一座骊山老母殿，供奉着相传是殷周之际的骊山之女。

不仅秦朝的祖先与骊山有关，秦始皇本人也与骊山有着一段"情缘"。骊山北麓有温泉，非常有名。传说有一天，秦始皇在骊山遇见了一位美丽的仙女，他顿生歹心，妄图污辱调戏。结果，惹得仙女大怒，便迎面唾了他一口。这一唾不要紧，谁知秦始皇竟因此满脸生起了恶疮，怎么也治不好。不得已，他只好去向仙女赔罪，求取解药。仙女赐给他的药正是这骊山的温泉。秦始皇赶紧以泉水洗脸，果然痊愈了。从此便在这里建起了骊山汤。将自己的陵寝建在这个地方，是否也希望能与仙女再会呢！

传说终归是传说，秦始皇将自己的归宿地选在骊山还是有现实依据的。古代帝王的陵墓都要选在风水俱佳的宝地，选在骊山建陵正是看中了骊山这块风水宝地。

战国时期风水学说很盛行，风水即古代的堪舆学说。古代的堪舆学认为：风水有好坏之分，选择好的地方，则子孙荫福，否则祸患无穷，即"山环水抱必有大发者"。古代帝陵一般选择在土厚水深之处。秦始皇陵南依骊山，北临渭水，可谓是得天独厚的风水宝地。它处在背依山峰，面临平原的山冲之地，是骊山北坡的大水沟和风王沟之间的开阔地带，位处渭水南岸三级阶地与骊山山地之间的台原上，不但地势较东西为高，而且受东西两侧水流的拱卫，是一处极为理想的墓地。郦道元在《水经·渭水注》中曾指出："秦始皇大兴厚葬，营建冢家于骊戎之山，其阴多金，其阳多玉。始皇贪其美名，因而葬焉。"

秦始皇选定骊山应该还有其另一方面的缘故。自古以来，从一个部落，到一个家族，都有自己集中的葬地，而皇族的葬地，往往就在国都的附近。秦从襄公时始立国从西向东依次迁都，秦先公的陵墓也是以都城的迁移地而选择葬地的、襄公葬西陲、文公葬西山，孝公葬西山，武公葬平阳，德公、宣公、成公葬阳、穆公葬雍，惠文王葬咸阳西北十四里，庄襄王葬芷阳，秦始皇陵在骊山。这些陵墓由东向西大体在一条线上。秦始皇将自己的陵墓选定在距自己的父亲秦庄襄王陵以东二十里处的骊山脚下，不仅符合依山傍水的风水观念，而且也恪守了晚辈居东的礼制。

（二）漫长的皇陵的修建

《史记·秦始皇本纪》中记载："始皇初即位，穿治骊山，及并天下，天下徒送诣七十余万人，穿三泉，下铜而致椁，宫观、百官、奇器、珍怪徒减满之。"根据这段记载可知，从公元前246年秦王嬴政即位，就开始修建陵园，直到秦始皇死时还未修成，前后用了三十八年时间。

修陵的主持人是当时的相邦。吕不韦、李斯都曾主持过这一工程。吕不韦当丞相时主张薄葬，因此秦陵前期的修建规模并不大。秦统一全国后，秦始皇要求大规模的修建秦陵，作为当时丞相的李斯开始主持秦陵的修建。

秦陵的修建有没有设计稿呢？答案是肯定的，帝王的陵墓不可能随随便便任意修造，这是中国古代帝王建陵史上的一个规律。根据《吕氏春秋》《汉旧仪》等书记载，秦陵的建造是仿照都城的形制设计的。目前在秦陵园中发现的六百多个陪葬坑、陪葬墓就是按照秦始皇生前的要求建造的。它既有表现军队的兵马俑、表现其车驾巡行的铜车马、车马坑，表现其狩猎的珍禽异兽坑，也有供应膳食的机构、供祭祀的寝殿、便殿及用来养马的马厩坑等。

秦始皇陵的修建是一项浩大的工程，在当时没有机械化的情况下，要修建这样的一个陵墓，需要成千上万的人。据史书记载，建造陵墓动用的劳动力最多时达到七十余万人，这还没有计算为修陵运送粮食的人。动用如此众多的劳力，一定有一套严密的组织管理机构。否则的话，不同的工种，不同的合作单位，如何协调起来、统一步调呢？据传说，在临潼的骊山脚下，有专门指挥上下工的击鼓坪。

秦陵上面高大的封土、是从距离此地2.5公里的鱼池村运来的。为了防止骊山山水冲了陵墓、在陵南建有防水堤。修陵所用的石料是从渭河以北的山上挖取的。有人说是从甘泉山，即今陕西省淳化县境内的山上运来的。修建秦始皇陵所用的石料很多，石材非常巨大，据说大得像一座房子一样。人们传说，在秦陵东南1公里的地方，有一块巨大的像房屋一样的大石头，就是当年修建秦陵时搬运到这里的，后代称之为"很石"。"很"就是残忍的意思，也写作"狠"。唐朝时，皇甫谧专门写了一篇文章叫做《很石铭》。到元朝修灞桥时，这块"很石"便被工匠凿开，为修桥所用。

秦始皇本人非常关心秦陵的修建情况。公元前210年，李斯向他报告说：我们带了七十万人修筑骊山，已经挖得很深了，连火也点不着了，凿时只听到空空的声音，好像到了地底一样. 再也挖不下去了。秦始皇听后命令再向旁边挖三百丈才能停止。可见秦始皇对自己陵墓的修建不仅关心，而且要求也很高。

公元前210年，秦始皇第五次出巡，走到沙丘(今河北省邢台市)时得病去世。这时，秦陵工程还没有结束。秦始皇的尸体运回后，埋入骊山陵墓。秦二

世命令后官没有生育子女的宫人全都殉葬，并且活埋了许多修陵的工匠。据说当时殉葬的人很多，《汉书·刘向传》说从死的人接近万人。

秦始皇入葬后，秦陵工程仍在继续。公元前208年，农民起义军攻打到戏水(今陕西临潼东)，秦王朝形势岌岌可危。当时负责陵墓工程的少府章邯建议把修陵的人武装起来抵抗农民军，于是秦陵工程草草结束。

从秦王 13 岁初即位到秦始皇死后两年，秦陵修筑工程一共进行了三十八年。据说当时的封土高达 115 米。经过两千多年的风雨冲刷，如今从陵前碑底实测高度仅为 47.6 米。陵园面积 56.25 平方公里。布局严谨、规模宏大、埋藏丰富的秦始皇陵墓，成为一座驰名中外的帝王陵墓。

（三） 骊山园与围墙

骊山园是秦始皇陵墓的山园，也就是后世的陵园。骊山园的范围很大，东自古鱼池水一带，西至姚池头、赵背户、五里沟西边的古河道，南接骊山，北临鱼池安沟一线，纵横各 7500 米，占地约 56 平方公里。秦始皇陵雄踞于骊山园的中心位置，陵侧起寝，绕以重城，坐南朝北，枕山面河。丽邑繁兴千万户，驰道车水马龙急，平畴沃野，鱼池如烟，尽收眼底。

陵园有内外两重城垣，形成一个南北走向的"回"字形。由于年代久远，城墙已经坍塌，从地而上很难看到它存在过的踪迹。考古工作者以断崖上暴露的堰基夯层为线索，经过探测，终于得知：内城周长约 3800 米，外城周长约 6200 米。内外城四面都辟有城门，每个门上都有阙楼建筑，内城的四角亦建有角楼。内城分为南北两区，始皇陵占据南区，坐西面东，陵的北侧是大型寝殿，西侧、南侧都是府藏坑，铜车马坑就在西侧。内城北区是陪葬墓地，北区的西部是密集的便殿建筑群。在内外城之间又有东西南北四区，其中仅在西区可以确知有大型陪葬坑，如马厩坑、珍禽异兽坑，以及寺园吏舍建筑群。外城之外的从葬区域范围最广，如果也以东西南北四区划分，则南区呈鱼脊形地势依连骊山，被称为"五岭"的 3000 多米防水堤坎残基犹存；北区有因取土筑陵形成的方圆数里的洼地——鱼池，以及大型的宫殿建筑；西区是密集的修陵人墓地及石料、木料加工场等，东区便是大型的兵马俑坑等陪葬坑群。由此看来，秦始皇陵园确实是一个极为庞大而又规划有致的都城式陵园，它的总占地面积如果包括从葬区域，有近 60 平方公里。这里需要特别说明的是，在帝王陵园设邑管理，邑中有众多的管理与守护人员，这项制度应该是从那时开始的，并为后代所沿袭。而在陵墓的一侧建置寝殿，这也是以秦始皇陵为开端的，同样也为后代帝王的陵园格局所继承。

（四）皇陵的地面象征——封土堆

秦始皇陵封土堆是古代帝王陵中最高大的。《汉书·楚元王传》记载："上崇山坟，其高五十余丈，周回五里余。"汉时一丈折合今天 2.3 米，那么秦始皇陵原高应为 115 米余。原封土堆的底部近似方形，南北长 515 米，东西宽 485 米。经过两千多年的风雨剥蚀和人为破坏，现存封土堆较原封土堆已大大缩小。现存封土呈覆斗形，中腰部有一缓坡状阶梯，顶部为一平台。经实测，封土堆基部现存南北长 350 米，东西宽 345 米。封土顶部的平台东西长 24 米，南北宽 10.4 米，而面积为 249.6 平方米。封土堆的现存高度仍有 76 米高。封土堆上的土传说是经过烧炒后从咸阳运来的。但经对封土堆土质分析后确定，封土堆的土不是经过烧炒的，否则就不会有今天封土上郁郁葱葱的石榴树林。而且，这些土也不是从咸阳运来的，而是从秦始皇陵东北的鱼池遗址运来的。冢上筑封土不是自古就有的。按照目前掌握的考古资料，并结合历史文献来看，中原地区的墓葬兴建坟丘起于春秋后期。如孔子由于一生四处奔走，怕回来后找不到他父母的墓地，遂在墓葬筑起四尺高的土丘作为标记。到战国时期，随着社会经济制度的变革，阶级关系的变动，中央集权制度的推行，坟墓的等级制度开始形成。此后，坟墓的形制、高低、大小及所种树木的多少，皆成为坟墓等级的重要标志，封土高大得可以和山陵相比。秦始皇认为自己功盖天下，遂把封土修得异常高大，让后世的人无法匹及。汉武帝的茂陵虽修建的时间比秦始皇陵长，但仍然没有秦始皇陵高大，其高度只有四十多米。

（五）神秘的幽冥之所——地宫

高大的封土堆下面就是神秘的地宫，从古至今人们都在猜测地宫里的情形，文献记载中对于地宫的描述也是众说纷纭。司马迁在《史记》中对地宫有这样的描述：秦始皇刚刚即位，便开始修筑他的骊山巨冢。待他兼并六国、统一天下，更征来七十二万徒隶，穿圹辟基，直达三泉，浇铸铜铁，填塞渗漏，放置巨大的棺椁。冢内建造宫观殿宇，设置百官位次，刻石为像，站立两旁。生前他所能享用到的一切奇珍异宝，尽皆藏其中。为了防止盗墓，他令工匠制作弩矢射杀。地宫中用极为珍贵的水银浇灌出百川江河大海，设置机械，使其灌输流动。地宫之上具备天文之像，地宫之下具备地理之势。又用人鱼的膏脂燃作灯烛，认为这样可以长久不灭，永远照耀地宫。

这一描述有没有可信性呢？司马迁距秦始皇仅七十余年。他写《史记》时，亲自游历全国名山大川、遍览皇室藏书，访问了许多老人，因此可以说他对秦始皇时期的情况应该是比较熟悉的。

今天的考古发现也一再证实司马迁对秦始皇陵记录的可靠性。《史记》中记载：地宫内以水银为百川江河大海。1981 和 1982 年，经中国地质科学院物探研究所用地球化学测汞方法两次对秦始皇陵进行测试，发现秦始皇陵封土堆的中心部位有强烈的汞异常反应，面积达 12000 平方米，略呈不规则的几何形，说明两千多年来地宫中的水银一直在不断散发，直到今日仍发生作用。在陵墓中用水银，并不是秦始皇的创造，在秦始皇之前已有人使用了。春秋时吴国国王阖闾和齐国国王齐桓公的坟墓中就有水银。为何在陵墓中放入水银呢？一则因为水银具有防腐的作用，可以防尸体的腐烂；二则由于古代帝王兴厚葬，但又害怕别人盗掘，而水银易挥发、有剧毒，所以当盗墓者进入墓穴时，就会将其毒死。

另外对秦始皇陵地宫中"上具天文，下具地理"的记载也是可信的。近年来，在西安交通大学校园内发现一西汉墓中上部即有二十八宿图像，是"上具天文"的实证，此种建筑形式很可能是受秦始皇陵的影响。人在世时，受日月星辰的影响，死后必然有所反映。因而秦始皇陵地宫中的这种现象虽然未发现，但应该是存在的。至于"以人鱼膏为烛"的问题，也有迹可寻。人鱼即娃娃鱼，人鱼膏即娃娃鱼的鱼油。在今天的北美洲太平洋沿岸，人们仍在使用这种鱼的膏做蜡烛。听说还有一种叫"艾乌拉霍"的鱼，把它打来晒干后，用一根线穿在它的身上就可以点来当作灯芯。出海的人经常用它来照明，可谓名副其实的鱼灯，据说这种办法是很久以前印第安人发明的。从《史记》的记载来看，中国人早在秦以前，也发明了这种用鱼作灯的方法。那么在地宫中以人鱼膏作灯的说法也就不足为奇了，但是不是千年不灭还不得而知。

考古人员还利用现代化的勘测工具对地宫进行勘探。勘探得知，地宫周围的地下宫场，南北长 460 米，东西宽 392 米，墙体厚和高约 4 米. 用未经熔烧的土坯砌成。宫墙的四面有门，东边发现斜坡墓道 5 个，北边、西边各 1 个，南边正在勘探中情况不明。在四周地下宫墙环绕的范围内当为地宫，其结构可能是多层台阶的方形或近似方形的土扩，面积达 180320 平方米。

（六）皇陵周围的建筑

秦始皇陵园内除高大的封土堆外，四周还有建筑遗址，陪葬遗址。在领略了封土堆地高大和地宫的神秘之后，让我们来一起了解它四周的情况。

寝殿和便殿

寝殿、便殿建筑位于秦陵封土北侧 150 米处。寝殿是墓主灵魂的起居生活之处，便殿是临时休息的地方。这是遵循古代"事死如事生"的礼俗，把模仿活人宫室的建制照搬到陵园中。寝殿陈设墓主人的衣冠、床几、家具和生活用品，如同墓主人生前的样子，应有尽有。宫女每天像侍奉活人一样，分四次向墓主供奉食品。这一举措，对后代有深远的影响。

1976—1977 年，在秦岭封土的北侧及内城北部的西区，发现了一组东西相连的大型礼制性建筑群，这就是秦岭的寝殿和便殿的建筑。但这组建筑已于秦王朝末年被项羽的军队付之一炬，至今地面上还堆积着大量的瓦砾和红烧土、灰土等遗迹。在历经了历经两千多年的沧桑后，劫余的遗迹和遗物已经消失或变得支离破碎。但从现存遗址内出土的直径达 61 厘米的大瓦当和大量的青石板中也可窥见当年建筑的宏伟与装饰的华丽。

进奉饮食的饮官署

1982 年在秦陵的西北部发现了一处遗址。这是一组高台建筑，夯筑地面光滑平整，粉白的墙壁，整齐的重檐建筑，巨大的储藏室，表明这里是精心处理过

的。可以想想，当年这里的房屋非常高大，房子周围有土筑的、瓦铺的路面，还有渗井和井。井上有砖铺的四方井台，井壁用大型井圈箍起，深达16米便可见水。渗井上未见井圈，井壁周围依稀可见打水时的脚窝。据考证，这处遗址是秦皇陵的飤官署，在秦代供应皇帝伙食的官

员叫官，飤官署既是侍候皇帝吃饭的机构。为什么会在陵墓的旁边设立这样的官署呢？《左传》曾说："鬼尤求食。"皇帝虽然死了，但他们仍然要像侍奉活着的皇帝一样，每天按时给皇帝进献食物。

乐府与茜府

1976年春节，考古人员在秦陵西侧即飤官遗址的北部发现一口秦代乐府钟。这口乐府钟告诉我们，在秦陵封土西北方向，曾仿秦咸阳都城的设置，建有乐府官署。乐府中有各种祭祀用的礼乐器具，还有一批能吹善奏的乐人。每逢祭祀之日，这里钟磬齐鸣、百官同祭，乐人奏起音乐，一派歌舞升平的景象，盛况空前。始皇下葬两年后，项羽入关，一把火烧了咸阳宫，一直烧到始皇陵。这口乐府钟连同乐府，一同被黄土所掩埋。

茜府与乐府并存，茜府是秦朝管理制酒的官署。俗话说："无酒不成礼。"可见酒在人们的生活中占有很重要的位置，秦朝祭祀的时候不仅要演奏音乐，还要饮酒。因此在秦陵设置茜府很有必要。1986年9月，秦陵考古工作者队在秦陵北的吴村中发现了一个陶盘，盘上刻有三行文字："一斗二升丽山茜府。"这个陶盘的出现正好印证了茜府存在的事实。

始皇陵邑

秦始皇于公元前231年在秦陵以北3公里的地方设邑（现在的临潼区刘家寨村），即丽邑。这是秦始皇的首创，他的目的何在呢？我们都知道秦陵修造时间很长，为了保证修陵工程按照规划能如期完成，就必须要有一个工程指挥部，因此丽邑就充当了这个角色。同时，陵园修好后要有一个机构常年供应陵园所需，丽邑便成为陵园服务的常设机构。目前残存遗址50万平方米、堆积有30—40厘米厚的瓦砾、灰土以及成排的板瓦、筒瓦、五角水管、云纹瓦当等。

五岭和鱼池

秦陵的南面和北面各有一处遗址，即五岭和鱼池。

秦始皇陵的南侧正对着骊山北麓一排南北向峡谷的谷口，这里共有大小谷口十多个。其中有一大水沟正对着始皇陵墓，大水沟谷口宽数十米，山洪暴发时，陵墓随时有被冲毁的危险。修陵的设计者为了防备山洪冲击，在秦陵与骊山之间也就是骊山山麓修筑了一条呈西南——东北走向的防洪大堤。这样就会把大水沟及其他几条山谷的水拦住，使水绕过陵园向东流去，然后再向北流，最后注入渭河。这个保护秦岭的防水堤就是五岭。

大水沟的水，因五岭的阻挡而东流，转而北流，最后注入渭河。在向北流的途中会经过鱼池这个地方。鱼池在秦陵以北 2500 米处。修秦陵时，为了建造高大的封土，曾从这里取土运往秦陵。由于用土量大，这里便形成一个大坑。大水沟的水流下来汇集在此，使得这里的水越积越多，久而久之，便积成一个大池子人们称之为"鱼池"。直到现在，这里仍然是一片低洼地带。

陪葬坑与陪葬墓

迄今为止，在秦始皇陵四周发现了 181 座大小、内容、形制不同的陪葬坑。有些陪葬坑，很具有代表性。例如 1980 年冬天，在秦姑皇陵西侧 20 米处发现了铜车马坑及两座大型陪葬坑。在这个陪葬坑中发现了秦始皇的车驾——大型彩绘的铜车马！其精湛的工艺震惊了全世界；1995 年 5 月在秦始皇帝陵东南方向的内城之间，发现了一个东西长 40 米，南北宽 15 米，面积为 600 平方米的陪葬坑，经确定为秦代宫廷娱乐竞技活动的百戏俑。与秦陵兵马俑相比，秦陵百戏俑透着一股鲜活灵动的气息，充满生命活力。这个陪葬坑的发现也使后人对秦的文化有所了解。

除了这些无生命的陪葬坑之外，在秦陵还发掘出了埋葬那些殉葬人们的墓。

有一种是殉葬的宗室大臣。我国古代帝王的宗室和大臣死后，一般要埋在这个帝王的陵墓附近，叫做陪葬。在古代，不是谁都能随随便便进入陪葬墓的，还要有一定的条件：一要是帝王的至亲；二要有功劳，只有符合其中的一个条件，才能陪葬。所以，死后进入帝王的陵墓陪葬是一种荣誉。这种礼制，周朝以后逐渐固定下来。古人认为：西方是尊者的方位，所以尊者在西，卑者在东。秦始皇宗室大臣的陪葬墓，也在秦陵的东面。

秦始皇陵的陪葬墓区已发现四处：一处位

于封土的西北角，有甲字形大墓一座；第二
处位于内城的北部东区，有墓葬三十三座；
第三处位于陵园西侧的内外城垣之间，发现
六十一座墓葬；第四处位于陵园外城的东
侧，有十七座墓。第一、四处的墓主可能是
秦始皇的公子、公主，第二、三处可能是后
宫人员的墓地。这就是说陪葬者是秦始皇的直系亲属及后宫的近侍人员，未见
皇后及夫人的墓葬。

　　秦陵内城西部的北边，也发现了极为密集的陪葬墓。这些墓的主人是谁呢？
目前还不知道。但是《史记》记载，秦始皇死后举行了安陵大典，胡亥曾下令：
秦始皇帝后宫嫔妃中没有生育过子女的女子，放出宫外是不合适的，应该让她
们殉葬始皇。据说当时活埋了许多后宫的嫔妃。秦陵内城之中封土以内的众多
墓葬大概就是这些不幸女子的墓葬吧。

　　另外一种殉葬墓是那些修陵人的。1978 年 8 月中旬，秦陵西侧姚池头村的
农民反映。他们在 1977 年冬天平整土地时发现了许多人骨。考古工作者随即前
往，在姚池头村西北约 200 米的一处断崖上发现层层叠压的人骨群葬坑。可惜
已遭到破坏，仅残留坑南端的一段，人骨上下互相叠压，未见完整的人骨。此
后，接二连三地又发现类似的杂乱无章的人骨群葬坑。有的群葬坑还有一些墓
主人生前用过的生活用品，有的还简单地记录了葬在这里人的名字和籍贯。这
些简陋的群葬坑据调查是当时修陵人的墓葬。严酷的环境，高强度的劳动量，
大批大批的修陵人死亡，他们死后就被埋在秦陵的周围。

　　这些陪葬坑和陪葬墓的发掘，让人们更加深了对秦陵的认知。不仅看到了
秦朝文化的灿烂，也目击了秦陵修建过程中的残酷。那些不被历史记录的人永
远被埋在了地下。秦始皇用这样的方式，继续着他的帝国之梦。

三、"世界的奇迹"——兵马俑

秦兵马俑坑，位于秦始皇帝陵东侧1.5公里处，是秦始皇帝陵东侧的一组大型陪葬坑。俑坑规模宏伟，埋藏文物丰富，是秦国军队的缩影。

（一）挖井人的发现

1974年3月29日，一个再平常不过的日子。西杨村的杨志发、杨培彦等十几位农民向往常一样正在村南边打井。杨志发、杨培彦负责在井下挖土。当他们挖到2米深的时候，发现有少许的红烧土块，当时他们也没在意，继续往下挖，又发现有陶俑的残肢断体，他们仍然没在意，因为该地以前曾发现过类似的物品，杨志发等人把这些残肢断体扔在一旁，接着往下挖。挖到4.5米深时，发现了砖铺的地面以及铜镞、铜弩机和残破的陶俑。

大家把挖到的东西拿到地面，其中一个形象怪异的彩色陶制人头引起了他们的注意，只见这个人头上有角（实际上是发髻），嘴唇紧闭，双目圆睁。当地世代传说，他们的祖辈挖墓时就看到过这种叫不出名字的怪物，称做"瓦神爷"。

这时公社有个叫房树民的水保员前来检查打井工作。当他看到井旁一个灰色的俑头后，不禁吃了一惊。这位水保员对文物知识略知一二，他仔细观察了打井的现场后，立即把这些东西和三里之外的秦始皇陵联系起来。

水保员于是马上把这个消息报告了临潼县文化馆。临潼县文化馆的赵康民先生第一个赶赴现场，随即察看地形，并会同公安部门收缴了流散在群众手中的铜箭头等文物，同时作了局部清理。

恰在这时，一位新华社记者回临潼老家探亲。他在文化馆看到了这些如真人大小的陶俑，大感惊奇，回北京后就在人民日报社编印的《情况汇编》上发表了临潼发现秦代人型陶俑的消息。中央知道消息后，立即决定拨款作为重点项目在俑坑上建立遗址博物馆以妥善保护遗存和遗物。同时兵马俑的发现也引起了国家文物局有关专家的高度重视，他们当即派员视察，实地了解情况。就在博物馆紧张施工的同时，又有了新的发现。1976 年 4 月 23 日，在施工现场北侧又发现一坑，即二号兵马俑坑。同年 5 月 11 日，在一号俑坑的西端北侧，又发现一个俑坑、即三号兵马俑坑。之后又发现了四号坑，也许是由于当年因战乱而中辍，四号坑尚未建成，属于空坑。

　　从平面布局上来看，兵马俑坑呈面东的方块结构。四个坑做南北两行排列，其中，一号坑位于这组坑群的右侧(南)，二、三、四号坑处于左侧(北)。如果全部发掘后，估计可出土大型陶俑七千余尊。据专家考证，一、二、三、四号兵马俑坑是一个有机整体。它们象征着秦始皇帝陵的地下冥军，是秦始皇在地下王国中的国家军队。既是亡灵的守护者，也是皇威的体现者。

(二) 兵马俑坑的构筑

　　兵马俑坑就是放置兵马俑的地下建筑。那么这一建筑是怎样构筑的呢？因为俑坑跨度太大，而俑坑上的棚木又太短，所以秦人在深入地下约 5 米的大坑内，筑起一道道纵向的承重"隔墙"，形成两墙之间的长条空档，即"过洞"，兵马俑就站在过洞内，"过洞"的地面铺有条砖，两侧立着壁柱，柱下垫木口，上面承托枋木。由于柱子紧贴壁面，就形成很整齐的"排柱"。柱高与墙顶平齐，保证了枋上横铺棚木的平整。然后在密集的木枋上铺盖席子，再覆盖以细泥和黄土，从而形成了完整的地下建筑。

　　当年筑坑时，为了上下运输方便，于坑侧开挖有斜坡通道。施工结束之后，在入口处立木封堵，填土使平。

　　从结构和布局来说，所谓的"秦始皇陵兵马俑坑"，绝不像一般人认为的那样，就只是一个地下大坑。它是完整的一组坑，包括了四个不同形状、不同内容的坑。这一点，对于了解兵马俑坑的性质，至关重要。

(三) "长方形矩阵"——一号坑

一号坑东西长230米(含斜坡门道,坑体实长210米),南北宽62米,深4.5—6.5米,其中坑口距今天的地表0.3—1.5米,面积14260平方米。坑四边各有5个门道,其中东西两端的门道较南北两侧稍长。

一号坑在东西两端留出一定的距离,形成东、西廊;再纵向筑10道南北并列而又等长的"隔墙",形成东西向的11个"过洞";南北两侧的"过洞",即"边洞"较窄,宽约在1.5—1.75米之间,而其余9个"过洞"一般各宽3.2米。"隔墙"的墙基宽在1.83—2.08米之间。于是,一号坑内就很自然地分成了几个空档部分,即前廊、后廊、北边洞、南边洞和中心的9个过洞。兵马俑就分别在这些空档之中。

一号坑经两次部分发掘,共得陶俑1793尊,陶马76匹、木质战车19乘。各类文物,主要是兵器、车马器,少量的货币与农工工具,近两万件。根据已经发掘部分和探测所掌握的情况,并以文物分布的密度来推算,估计一号坑内原来布置有兵马俑6000尊左右。

坑中的"武士俑",依身份可分为指挥俑和士兵俑两种前者即所谓的"军吏",是军中的各级指挥官,又可分为高、中、低三级。而无论军吏或士兵,其所着军服又可分为战袍和袍外撖套铠甲两类,因此有人也就将其笼统地称为"铠甲俑"或"战袍俑"。

经发掘得知,坑中兵马俑的主方向是面东的;但各部分的俑在朝向、种类、数量及配置兵器等等方面,是有区别的:"前廊"的武士俑统统面东,做横队排列,分前、中、后三行,计204尊战袍俑,手执的兵器一律是远射程的弓弩;随后,是在9个过洞中成纵队排满了簇拥着战车的铠甲俑,这部分似乎是人数最多的主力作战部队,战车与甲士间隔排列,有各级指挥官,指挥车上有金鼓,兵器以近距离作战的长兵器戈、矛、战、被等为主,另有卫体的短兵器剑。南北"边洞",各有两列武士俑,均为内侧的一列面东,外侧的一列向外,即北"边洞"外侧的面北,南"边洞"外侧的面南。从整体分布看,这分别面南和面北的两列武士俑就好像是人贴着身体的两只胳膊。"后廊"的武士俑队列，同"前廊"相仿，也做二行横队排列，不同的只是不再面东，面变为面西。

总之，一号坑的武士俑形成一个长方形的队列，其结构组成异常明确，具有方块式结构的特点，这就是后来研究确认的"矩阵"，或称"方阵"。军阵攻守兼备，以攻为主。军阵主体面向东，显示其东向警戒，作战的特点。它的纵队阵形，又反映出将作进攻作战的态势。军阵四周配置较多的弓弩兵，对于护卫军阵，稳定阵脚，保障进攻起着重要的作用。军阵各部相间，多路编成，即可多路齐出，又可各路分出，始终保持军阵的稳定。

（四）"多种兵的会合"——二号坑

二号坑位于一号坑东端北侧，与前者相距20米。其主体部分的东边沿南北基本成一条直线。

二号坑平面呈向南、向东伸出"勾股弦"的曲尺形。东西两端各有三个斜坡门道，北侧有一个小门道。坑体部分东西长96米，南北宽84米，加上门道，便位于124米×98米的范围内，面积约6000平方米。

二号坑的格局与一号坑完全不同，所有的武士俑无一例外地面东，在兵种上也多出了骑兵。但从车、步、骑、驾四个兵种的平面构成上看，也呈现出一号坑单独编列的方块结构的特点。

该坑自然形成的四个兵力单位(区)，其布局可分为前后两线：第一区(Ⅰ区)在前，即位于向东突出的"勾部"；第二区(Ⅱ区)至第四区(Ⅳ区)，由南向北，并列在后，即南北对的"股部"。在一线第一区同二线第三区(Ⅲ区，编号，由南面北)之间有横墙相隔，四道门使前后两线相通。

第一区，有东西向的"过洞"6条，两端南北贯通，成为通道。如此一来，就使得"边洞"和东西两通道构成一圈"回廊"：这一区计有332尊武士俑。在中心4个"过洞"里，排列着8列计160尊蹲姿扶弩的甲俑；南北两"边洞"，各有3列共计96尊立姿做稍息或"丁"字步的著袍射俑；东端通道有2行计

60 尊立姿武士俑，前行着袍，后行摆甲；西通道有 16 尊立姿甲俑，也做 2 行，但分做 4 尊一组，紧随中心"过洞"蹲姿甲俑之后。在铠甲俑中有两个地位较高：一个身穿彩色鱼鳞甲，头戴鹖冠、双手拄剑，是一级别较高的将军俑；另一个身穿彩色花边的前胸甲，头戴板冠，是一中级军吏俑。这两个军吏俑立于方阵的西南角，为弩兵阵的统帅。

"回廊"各部的武士俑装束不尽一致，但均取立姿，而中心 4 个"过洞"的甲俑均做蹲姿。以上编列均与弩兵的特点有关。因为弓和弩的射击方法有立姿和跪姿两种，对敌发射时，为避免误伤自己方人员，前边的士兵只有跪下，同时由于弩张缓慢，临敌不过三发，为了弥补这一不足，必须轮番射击，才能使敌人措手不及，无法逼近。应该说，这一区表现的是练兵场。

第二区位于二线第三区的南部，占 8 个"过洞"。每个"过洞"中有 8 乘战车，共计 64 乘。每车 3 尊甲俑，御者居中，执长兵器的左右车士分列两侧。

第三区位于二线第三区的中部，有 3 个"过洞"。这一区由车、步、骑三个兵种组成，按照车、步、车、步……骑的次序间隔排列。共计出土有战车 19 乘，车上 3 名武士俑，车后跟随的甲俑少则 8 位，多可达 36 位。最后由 8 骑为殿，有骑俑 8 尊。

第四区位于二线第三区的北部，占有 3 个"过洞"。前端 6 乘前导战车，随后是 108 个骑俑牵马构成的骑兵队列。此区出土的车辆较为轻小，车上仅有御者、车右 2 俑，推测是专用于同骑兵配合的骑车，属于善于驰驱的高速战车。

从总体上看，二号坑的构成并没有反映出战阵的性能要求，四个区的兵力缺乏呼应，而且彼此关系松懈，不具备机动转换时的阵形应变机制，更不见出战程序的编排。所以，二号坑可能表现的是驻营形式，其中，第二区属车兵小营，第三区属混编小营，第四区属骑兵小营，而第一区则属于练兵场。当然，营内的驻军是符合出战、列阵的需要和原则的，所以才会有车、步、骑或车、骑的混编。

(五) "秦王朝的军幕"——三号坑

三号坑位于一号坑西端北侧 10 米。这是一个面积只有 520 平方米的小坑，平面呈向西的"凹"字形，斜坡门道在东。坑体东西长 17.6 米，南北宽 21.4 米，总面积仅为一号坑的 1/27。

坑内的格局是：正面对着门道停放一辆属于指挥车的"驷马鼓车"，前为长廊；"凹"字北侧是"左厢"，南侧是"右厢"。右厢进深较大，结构也复杂，平面有如内空的"土"字。从东到西，可分为"过庭""中庭""后室"三部分。

坑内出土甲俑 68 尊，其中 4 尊随车，其余则分布在"右廊"和左、右厢，而且环壁站立，形成夹道之势。两侧的俑也构成面对面的形式。从俑的手势和出土的一束 20 支殳看，这些甲俑的身份应该是指挥部的侍卫。

三号坑实际上为我们提供了"军幕"的一个实例。指挥车所在的空间属于"鼓车之府"；置于正面而便于出行"右厢"的"中庭"便是商议军机大事的"合谋之所"；"后室"系"秘藏之室"；"左厢"有残鹿角、动物骨和束殳，应为"军祭之所"。

（六）　"断臂的维纳斯"——四号坑

四号坑，如前所述，是一个只具坑形，但尚未构筑、置俑的空坑。估计因为被废弃，地面被流水冲垮，所以南部残毁，后边界不清。此坑位于二、三号坑之间，南北残长 96 米，东西宽 48 米，深 4.8 米，现存面积 4600 百平方米。

四号坑之所以被废弃，很可能与秦末农民起义导致形势变化，迫使陵园工程停工有关。

四号坑与其他诸坑的最大区别是呈南北走向的状态。可能其正方向仍然朝东，是一个未完成的战阵形式。古代的作战队形都需要大排面的横队。同时，不难想像，在列阵、宿营、军幕之外，还可能有其他的补充形式。如果当初该坑完成，现在我们就能看到秦军生活的另一个主要场景了。

（七）　秦朝的多样军种

步兵

战国时期公元(前 475—公元前 221)各国竞相发展自己的军事实力。此时步兵作战地位发生变化，作用日益突出。秦兵之勇比之六国，更胜一筹。荀卿(公元前313—公元前238)曾说："齐之技击，不可以遇魏氏之武卒。魏氏之武卒，不可以遇秦之锐士……有遇之者，若以焦熬投石焉。"可见秦兵的剽悍勇猛，所向无敌。

兵马俑三坑的武士俑包括步、车、骑三个兵种，其中以步兵俑的数量为最多，骑兵最少。步兵俑中有负责射箭的人，称之为"射兵"。从编制上看，则有两种，一是隶属步兵，二是建制步兵。其装束有轻重，但就独立的建制步兵来说，是二者兼有，而随车的隶属步兵俑则无一例外的是重装。

所谓"轻装"，就是战衣轻捷、简便的意思。兵马俑坑的轻装武士俑身着交领右衽战袍，长仅及膝，腰束革带。双股著膝缚，其上部掩藏于袍下，而下端盖于膝下。有些穿战袍的步兵俑不扎行縢，而是套一对筒状并有絮棉的"胫衣"。如二号坑前端的战袍射俑，胫衣上口接膝，下口扣腕，正好护住双胫，是一种简单便当的护腿设施，也许就是汉代所谓的"絮衣"。轻装步兵俑不戴"胄"(即所谓头盔)，不压冠，只是把头发梳挽成椎髻，多绾在头顶的右侧。

"重装"是相对轻装而言。重装步兵俑，只是在袍外穿一件长及腹的短襟铠甲。至于下体防护，同轻装步兵俑没有太大的区别，多数足蹬履，少有穿靴的。头上同样是免胄束发的，惟发式有椎髻、辫髻的区别。椎髻扎以橘红色的发绳，而辫髻压以方板形的发卡。束敛头发稍讲究者，是头上套一顶"武帻"(即头巾)，质地轻薄，椎髻依旧兀立。不过，这种戴武帻的铠甲步兵俑主要分布在矩阵前部两侧对称的位置，其身份、作用，另有讲究。

车兵

车兵是一种很古老的兵种，它在概念上和内容上随时间推移而有所不同。

殷周盛行车战的时期，战车是作战唯一的凭藉，但兵种单一。春秋以来，车兵有了新的内容，实际成了战车上乘员和战斗步兵的结合体。随车者不但称谓改称"步卒"，其作用也发生了变化。他们不再是呐喊助威的配角，而是成了隶属于攻车的战斗步兵了。

随着奴隶制生产关系的解体，军队成分发生了根本性的改变。新兴地主阶级的夺权斗争和封建国家间的战争，促使步兵迅速成为战斗的主力。车兵也只是作为一个兵种而存在着。纯粹的车对车的战斗方式已不复存在，活跃在战场上的是步、骑、车多兵种的作战群体。

兵马俑坑的车兵，大概包括了两种。一种是战车和人数不等的随车步兵，如矩阵阵体部分和驻营的车、步混编部分；另一种是纯粹的战车兵，如车营中的轻车兵和骑兵营前部的特种车兵——"骑车"。

兵马俑车乘因其乘员的多寡及其身份，按车的性质不同，还分为：轻车——甲士3人，中为"御"，两侧分别是戴帻的"车左"和"车右"；朗车——车体轻小，车上有"甲士"3人(含"御手")挑选出来的"锐士"；骑车——车体最小，仅有"车御"和"车右"2人；战车——一号坑里的多数车乘属于战车，其后跟随步兵，隶属、建制两种情况兼有；指挥车——车体最大，车上高级或中级车吏，再加上"御手"、"车右"，共计3人；"驷乘"车——仅出于三号坑，当是一种较高级指挥车。其乘员由"佐吏""御手""鼓手"和"甲士"等4人组成。

单有车兵和车乘并不能保证会获得战争的胜利，在此基础上还要有合理的战术编队，即将战车进行合理搭配，使其发挥最大功效。

兵马俑坑内的战车编制极为丰富：有轻车编队，所谓"轻车"，顾名思义，是轻捷便于驱驰的战车。二号坑车营里就有64乘，其安排是纵向8列，每列8乘，方方正正。对照双车编组，8行车实际是横有4个双车，纵有16个双车，构成了一个战术编队；还有阙车编队，阙车即车体轻小、速度快的机动战车。在二号坑二线的Ⅲ区3个过洞里，有阙车19乘。车行里只有前一行是双车，后面的几行都是成三的奇数，且随车人数不等；骑车编队，它是兵马俑坑发现的一种特殊的战车，仅有乘员2人。它具有高速度的特点，其收拢、展开的应变是诸兵种无法相比的，其冲击力相机动力也堪称上乘。在兵马俑二号坑的Ⅳ区3个过洞的前端，有6车居于骑营之前，做两行排列。这就是秦之骑车。由于它是每行3辆车，构成奇数，所以应当是前后成双的。骑车虽然总的看来其编队不合"编制"，但这也许正是秦骑车的特点；战车编队，一号坑矩阵阵体的战

秦始皇陵

车，是指挥、战斗两种作用兼而有之，故在编法上较为特殊：第一，尽管随车步兵人数不等，但以第6过洞为中轴线，两侧对称，战车和俑数一致；第二，双车编组之法有左右并列的，也有前后相随的；第三，在并列的双车之间，往往有步兵"弥缝"。

骑兵

骑兵俑群位于模拟驻营的二号坑左部，占有3个过洞，是一个有很大纵深的长方形小营。每一骑士牵一战马，行列对齐，纵向12列，横向9行，计108骑。另外，在车、步混宿小营的3个过洞里有8骑殿后。骑兵总数是116骑。仔细分析，它们是按三种情况配置的，第一种：车、骑混编——第一行是驷马战车，第二纵行有12骑，第三行又是3乘驷马战车；第二种：骑兵队——第四行至第十一行共有12个8列计96骑骑兵；第三种：殿骑——一行8骑。

兵马俑坑的骑兵俑群提供给我们的是骑兵宿营待发，配合车兵和步兵的实例。从整体上观察，不难发现这么个事实，即在兵力配置上，骑兵俑群偏处一隅，其数量也远远少于车、步俑。结合文献记载，可以说明秦骑兵虽已是一支雄壮强盛的独立兵种，但毕竟还没有取代车、步兵成为作战的主力。

尽管骑兵还没有成为秦始皇时代的作战主力，但在统一战争的交响乐中，它却是一支最强音。骑兵行动轻捷灵活，能离能合，便散便聚，善于远距离作战。它能做到快速奔驰，百里为期，千里而赴，在短时间内长途奇袭，使敌防不胜防。又能迅速转换作战方式，改变攻击方向。其战斗队形对复杂地形的适应能力强，具有高度的机动力和强大的冲击力。在兵马俑坑出现骑兵，正是其随时代发展而备受重视的反映。

（八）秦坑里的古兵器

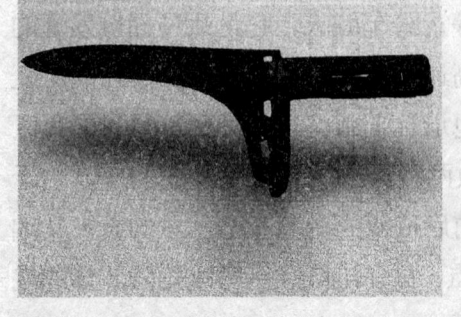

远射程兵器

兵马俑的远射程兵器主要是弩。弩作为复合性兵器，其全套设施包括了箭和弩弓两部分。一支完整的秦箭是在竹竿或木杆前装有箭头，箭杆后部有羽毛。镞（即剑头）除两枚铁镞和五枚铜镞外，全是青铜质的镞。

而三棱镞是主要的镞式，可占 99.9％。箭杆经过加工，径约 0.7—0.9 厘米、通长 68—72 厘米。表面涂漆，前段涂朱红色，约 50 厘米，占箭长的 70％；后段为褐色(或棕色)，长 18 厘米，占箭长的 25％羽毛早已腐朽，残骸长 13 厘米。

长兵器

兵马俑坑出土的还有长兵器矛、戈、戟、铍、殳、钺等六种。

兵马俑一号坑里，1974 年试掘时出土了第一件铜殳头；1977 年，试掘三号坑时，在左厢坑壁下靠着一捆带柄的"束殳"，整整有 20 支；铜殳头呈圆筒状，惟顶端作三棱锥体。外径 2.5—3 厘米，通长 10.7 厘米。

铜钺呈梯形楔状体，弧刃，两面微鼓，夹柄。钺长 17.5 厘米，刃宽 12 厘米，重 2150 克。兵马俑的殳和钺不锋利，是无刃的。那么，秦军是否用这种缺乏战斗效能的武器来装备呢？显然不是，从出土位置来看，殳和钺纯粹是礼仪性兵器，只是使用者身份和权力的象征物而已。

短兵器

近距离护体御敌的兵器称做"短兵器"，如匕首、剑、手刀、鞭、钢、棒、钩等。在秦陵兵马俑坑也出土有此类的短兵器，但是极其简单，仅见青铜长剑和金钩两种。

完整的铜剑有 17 柄，均出自一号坑东边的五个探方。残断的剑身及格、首、等附件在三个坑中多有出土，计 189 件。窄、扁、长，是秦剑的外形特点。剑长大约 83.1—94.2 厘米。所谓金钩，实际是铜弯刀。此物在一号坑矩阵的前锋部仅见两把，形状、大小相同，通长 71.2 厘米，身宽 2.2—3.5 厘米，中心厚 0.9 厘米。它身、柄合体，系一次铸成，既方便握持，又牢固结实。但钩身弧度平缓，前端平齐，作为外推内钩的两刃并不锋利，显然不是实用的兵器。

(九) 兵马俑的千人千面

众多的兵俑个性鲜明、栩栩如生，所有陶俑面目无一雷同，显示了秦代艺人高超的雕塑技术和写实技艺。

今天我们可以从秦俑面部看出喜、怒、哀、乐、思等多种表情，表现了人物的个性和复杂的内心世界。正如王朝闻先生所说："最吸引我们的主要不在于兵马俑数量之多和等身的形体，而在于那些士兵和军吏。处在同一地点，同一军阵，并有严格纪律约束的情况下，各有表情，各有风采，只要细看就能分辨出各个人物的个性，尤其是面貌方面显示的个性。"

秦俑的面形据说包括了中国传统的8种面形。"目"字形脸，其特点是头形狭长；"国"字形脸，其特点是脸方稍长；"用"字形脸，其特点是额部方正，下巴颏宽大；"甲"字形脸，其特点是额部和颧骨处宽度接近，两颊肌肉显著内收，下巴颏尖窄；"田"字形脸，其特点是面形方正；"申"字形脸，其特点是颧骨处突出，额部较窄、下巴颏尖窄；"山"字形脸，其特点是额部较窄，两颊和下巴颏处宽；"蛋"形脸，其特点是额部宽，下巴颏尖窄，轮廓线如同蛋形。据统计，秦俑面部轮廓，以"目""甲""国"字形最多，"申"字和"由"字最少。这种现象和今天我们所见到的人的脸型情况大致一样，说明秦代和现在人们的面部轮廓基本相同。秦俑的面貌也有美、丑、胖、瘦、年轻、年老、常见脸型和罕见脸型的区别。很多观众不由得感叹这么亲切自然的脸型，一下子拉近了自己和秦俑的距离，让人感觉到秦俑是活生生的人，并不是不会说话的泥人。

秦俑的发髻也很有意思，不但式样繁多，而且新潮前卫。秦俑的发髻有的低矮、有的高耸、有的位于头顶的左侧、有的位于头顶的右侧、有的偏前、有的靠后，形式多样，反映了个人不同的爱好，给人一种自由活泼、千变万化的感觉。但就发髻来看，有圆形发髻和扁形发髻之分。圆形发髻中有扎在左边的、也有扎在右边的、有盘一圈的、也有盘成两三圈的；扁形发髻有螺旋形、波浪形、花样十分繁多，让人不能不感叹秦代军人对自己头发的珍爱。还有一种发

髻是先把头发分成四股，依次编梳后再盘接在头顶右边，形成圆形发髻。秦俑二号坑出土的跪射俑的发式大都属于这种类型。

孔子说："身体发肤，受之父母，不敢毁伤。"可见古代人对自己的须发十分注意。秦代人对胡须尤为重视，这可以从秦俑身上

看到。秦俑的胡须有位于上唇的八字须，位于下唇的山羊须，位于下颏及两腮的络腮须。每一种都有不同的类型，真是丰富多彩，从而有力地表现了不同的性格特征。如浓密的胡须表现了粗犷和豪放；细致工整的胡须表现了机灵和干练；用上翘式的胡须表现了精力饱满和性格活泼；胡角翻卷则表现了情绪奋发激昂；络腮大胡表现了神态威严；飘洒的长须表现了飘逸和老到。

总之，秦俑在人物塑造上匠心独运，又用多样的手法比较突出的表现了不同人物的不同神态和心态，让人感到千篇一律中的千变万化。

秦始皇陵

四、秦始皇陵与兵马俑未解之谜

（一）秦始皇地宫之谜

如前所诉，司马迁在《史记》中对秦始皇陵的地宫有过描述。经现代的考古资料与科技手段也已对其中的有些描述进行了印证，比如地宫中有水银之说。但是民间的传说又使它显得迷雾重重。

有一个故事说，项羽入关后在挖掘秦陵时，突然有一群金雁从地宫中飞出弥布天空。三国时吴国宝鼎元年(266)，张善在日南(今越南广治省广治河与甘露河合流区域)做太守时，有人把一只金雁献给他。张善根据金雁身上的铭文，推断是秦始皇陵内的陪葬品。据当时历史学家张文立先生推断，传说中精巧能飞的金雁出自秦始皇时代是可能的。因为在春秋时，著名工匠鲁班已经造出了能在天空中飞翔的木雁。至几百年后的秦始皇时代，工匠造出会飞的金雁该是可信的，但这金雁到底是否出自秦始皇陵地宫之内则无从考证。

另据民间传说，秦始皇还在地宫内设了可让活人同死人做生意的地市，进行经济贸易。至于这个集市的经济贸易如何进行，活人怎样在地宫中生存，又怎样与死人讨价还价，同样没有人说得清楚。

据《临潼史话》载：秦始皇驾崩后，胡亥怕众公子争夺自己的皇位，于是假传始皇遗旨，让后宫妃嫔无子的殉葬。绝望的妃嫔有数人当场撞死在陵墓内，有的吓得昏死过去，尚有大半正慌乱无主之时，胡亥命工匠把地宫第一层宫门封闭，妃嫔均死于其内。当工匠把地宫之门封闭到最后一层时，为怕地宫秘密泄露，胡亥心生毒计，下令所有参加修建陵内地宫的工匠、刑徒到墓中看戏领赏。当工匠、刑徒云集地宫之际，军兵侍卫立即将最后一道地宫门封闭，工匠、

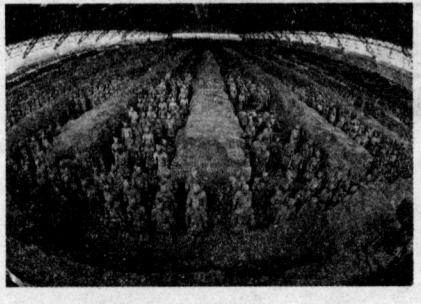

刑徒又成为始皇帝的殉葬品。传说只有一青年工匠逃了出来，原来地宫内通向外面的水道是这位青年工匠亲手设计而成，被封闭于地宫后，他悄悄潜入水道慢慢爬了出来……至于这青年工匠沿着怎样一条水道爬出地宫，出来后又去往何处，则无人知晓了。

（二）秦始皇陵地宫被盗、被焚之谜

史书有多处记载秦始皇陵遭到盗掘和焚毁的。主要有项羽、牧羊童、石季龙等人在此进行破坏的记录。但记载最多的是项羽，如有"项羽烧秦宫室，掘始皇帝冢，私收其财物"，即项羽的军队火烧秦咸阳宫，又掘始皇陵，抢去陵中财物。又有"项羽入关发之，以三十万人三十日运物不能穷"，即项羽的军队三十万人在此盗掘一个月，仍未把宝物盗完。

盗始皇陵的人会是项羽吗？项羽是秦末农民起义军的一支，是楚国的后裔，进入关中后，烧杀掳掠，无所不为。火烧秦咸阳宫及周围宫殿，大火持续烧了三个月，使秦在关中的众多宫殿付之一炬。现在发现的秦代许多宫殿遗址，只能见到一些残迹。因为项羽对灭楚的头号人物秦始皇十分愤恨，所以秦始皇陵的浩劫也难于幸免。他焚烧秦始皇陵的建筑。但是否进入地宫，并且三十万人三十日运物不能穷，这就值得怀疑了。秦始皇陵中究竟有多少宝贝，竟能使三十日万人三十日运物不能穷？何况项羽当时在关中的时间很短，又要和刘邦进行政治上和军事上的较量，当他的政治权力在未获得巩固之时，是无暇顾及这个的。而盗掘始皇陵绝不像用一把火烧秦陵建筑那样容易。秦始皇陵地宫深达50米左右，况且其地宫据考或用铜液浇灌，或用石头砌起，显然建筑要坚固得多。何况还有偌大的封土堆，地宫又是如此之大，不要说项羽要盗掘是何等困难，就是放在今天也不是件容易的事。

关于牧羊童失火烧毁地宫的说法，文书上记载说：牧童放羊时，羊钻入洞穴。放羊者打着火把找羊，而失火烧了地宫中的棺椁。这个记载显然是成问题的，因为牧羊失火之事发生在项羽之后，而刘邦执政建立西汉政权后，曾委派二十户人专门守护秦始皇陵，这些守陵人是奉皇帝命令而来的，一定会尽职尽责的，不会发生类似这样的失职事故。何况这纯属一个编造的故事，这么大的事情《史记》无片言只语，司马迁遍览皇家档案，石室金匮之书，若确有文字记载，司马迁是会把它录入《史记》中的。

石季龙是否盗掘过秦始皇陵地宫，据史书云：他"取铜柱铸以为器"。石季龙即石虎，是后赵的国君，其统治地区位于河南、河北一带。生活荒浮、奢侈，但由于考古工作者迄今未见到铜柱之类的东西，故始皇陵地宫中也不一定有此类东西，所以，石季龙盗墓说也未能成立。

历代的史书中虽有秦始皇陵屡次被盗的记载，但也有不少的史书对这些记载持否定态度，认为不可信之。之所以会出现秦始皇陵屡次被盗掘的记载，是因为《史记》中有关秦陵地宫中金银财宝的描写及秦始皇生前奢侈的生活必然在地下王国有所表现，便引起了盗墓者的觊觎，也引起了人们的一些猜测。便出现了各种各样的附会。当然我们不排除历代确有许多人欲在此进行盗掘的事实，但从现在的情况来看，似乎都未成功。由于《史记》中记载：地宫门装有暗弩，一触即发，并埋有水银，这些东西对盗墓者是一个威胁。

秦始皇陵是否被盗，目前有多种猜测，如果有朝一日被发掘，真象会大白于天下。但是不管盗与未盗，其地宫的发掘都是会震惊世界的。

（三）秦俑烧制之谜

这样巨大的陶俑是怎样烧制的？至今还是一个谜。秦以前和以后，都烧过陶俑，但形体都很小，从来没见过这么大的俑。20世纪70年代末，有人曾经仿制过像秦俑这么大陶俑，好几个人精心制作了几个月才烧成一件，但原大的陶马至今也没有烧成一件。

秦俑坑中出土的陶俑，质地坚硬如青石，表面颜色青灰，火候均匀，轻轻敲击陶俑，就会发出清亮铿锵的声音。这样精良的陶俑，是我国制陶技术成熟的标志。看到这些与真人大小相近的陶俑。人们不禁要问：在当时那种原始条件下，它是怎样烧制成的？这确实是一个难解的谜。

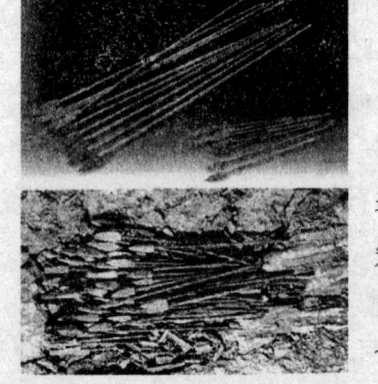

（四）秦俑坑兵器不朽之谜

秦俑坑中出土的青铜兵器剑、镞、矛、镦、殳表面光洁鲜亮，颜色深灰。经过各种方法检验可知，他们的表面有一层含铬化合物的氧化层，起着良好的防锈作用。这层氧化膜厚约10—15微米，含铬1%—2%。俑坑中出土的青铜器上普遍存在着这种情况，说明它不是偶然因素造成的，而是当时有意识地进行了一次工艺过程后形成的。这一发现，已经引起了世界有关学者的关注。因为它表明我国在两千年前已经成功地掌握了用铬盐氧化物保护金属的工艺。这可能是当时生产条件下的一项特殊工艺。人们经过分析得出结论：这是把剑、镞等放在重铬酸钾溶液或水溶液中浸煮过的结果。直到 20 世纪 30 年代，德国才开始研究这一技术，而我国早在秦始皇时代就已发明了类似的工艺，这是世界冶金史上的奇迹。

秦代这一工艺的具体方法，今天已不得而知，但根据模拟性的实验，用铬矿石的火硝在空气的参与下，经过 800℃—1000℃的焙烧，可浸出制成铬酸盐或重铬酸盐。再将重铬酸盐加温到 400℃左右，使其液化，涂到青铜剑、镞的表面，即可形成一层灰色的铬盐氧化层，具有良好的防腐蚀功能。

（五）秦俑坑焚毁之谜

秦俑坑是怎样焚毁的?这又是萦绕在人们心头的疑问。当观众参观秦俑坑时，一定会发现俑坑土隔梁上那一块块、一堆堆的木炭遗迹，这是秦俑坑遭受焚烧的历史见证。试掘表明，一号秦俑坑几乎全部被火烧过，二号俑坑一部分被火烧过，还有一部分则属于自然塌陷。说到这里，大家一定会问：秦俑坑是什么时候出于什么原因被火焚烧的？它又是谁焚毁的呢？

有人从俑坑被火焚烧后塌陷这一点出发，认定这是由于俑坑内的沼气而引起自焚。但是，我们知道，沼气产生的首要条件是要具备产生沼气的杂物和水，同时还要有起化学反应的相对时间。经过试掘表明，俑坑内没有发现杂物堆积的现象，亦未见大量腐植物，坑内虽有泥沙，但土质纯净，不具备产生沼气的条件，而且俑坑建成与焚毁之间时间并不长。这样看来，俑坑客观上不具备产生沼气的可能，此说证据尚嫌不足。

一种观点认为：秦始皇帝陵园内有关陪葬坑和一、二、三号兵马俑坑焚毁的真正原因，应是秦始皇下葬时的一种自焚的葬仪形式。它是采用历史上祭天柴的方式，也就是说将埋葬时的祭品，都要采取火烧的葬仪。如果此说成立，那么所有的陪葬坑都采取同样的自焚方式。然而事实上许多陪葬坑并没有焚毁，如三号兵马俑坑、铜车马坑均属于木建筑自然腐朽后塌陷的。此说亦难以自圆其说。

有学者研究指出，秦俑坑可能是在秦朝末年被项羽焚毁的，从而推断俑坑被焚毁、破坏的时间是在秦末重大政治变动时期。此说虽无明文记载，仅仅是一种推测而已，但其可能性却是存在的。首先，从时间上推算以及从俑坑残留的灰烬和炭迹等现象看，这种说法比较可信。秦始皇帝陵是否被项羽挖掘过，目前还难以验证，但陵园内大片的地面建筑被焚毁却是事实。其次，秦俑坑距秦始皇帝陵仅 1500 米，它同时与之被焚亦是可能的。最后，一、三号俑坑均遭到大规模的洗劫，这绝非少数人所为，定与当时一定的政治事变有关。

秦俑坑焚毁的原因还需进一步研究和论证。相信不久，人们一定会得到满意的答案。

五、对秦始皇陵和兵马俑的评价

秦始皇陵的恢弘与壮丽是"前无古人，后无来者"的历史创举，其陵园的布局也巧妙的利用了自然环境，把陵与山、水结合，三者浑然一体，同时把墓冢及城垣等重点设施放在最高的土塬上，其他附属设施放在较低的土塬上，以自然河道分隔，使主从关系非常清晰。城垣的设计也随形就势，呈长条形，与地形，地貌协调一致。总体布局上，不求绝对的均衡对成，而是利用地形的高低起伏，把主次不同的陵园设施随着自然的地形，地貌展开。秦始皇陵同自然环境和谐一致，融为一体，为后世陵园的典范。

秦始皇陵出土的兵马俑，让世界为之震惊。它向人们展现了秦朝恢弘的军队建制，其埋藏的文物之丰富为世人所赞叹。三坑计有战车百余乘，陶马600余件，各类陶俑近8000件以及大量的实用兵器。陶俑、陶马是按当时的军阵来编组。车马和陶俑的制作，形象逼真，对研究秦的军事装备、编制和军阵的编列，提供了形象的实物资料。秦俑生动地塑造了多种具有一定性格特征的人物形象，其风格浑厚、洗练，富有感人的艺术魅力。秦俑这一古代文明的伟大奇观的发现，为世人所瞩目，被誉为"世界第八大奇迹"。

中国皇陵

明 十 三 陵

　　明十三陵坐落在北京西北郊昌平区境内的燕山山麓的天寿山，东、西、北三面环山，体系完整，规模宏大，气势磅礴，是世界上保存较为完整和埋葬皇帝最多的墓葬群。这里自永乐七年始作长陵，到明朝最后一帝崇祯葬入思陵止，先后修建了十三座皇帝陵墓、七座妃子墓、一座太监墓。陵区周围群山环抱，中部为平原，陵前有小河蜿蜒，山明水秀，景色宜人。陵区整体布局庄严和谐，宾主分明，在青山绿水的掩映下，显得格外肃穆幽雅。

一、明十三陵简介

帝王陵墓及附属建筑合称为陵寝，至秦汉时期，陵墓及各种功能的附属建筑已构成布局严谨、规模宏大的建筑群，在陵墓和附属建筑的周围划分一定地带作为保护、控制的范围，称为陵区。

《易经·系辞》云："古之葬者，厚衣之以薪，葬之中野，不封不树。"远古时代殡葬极为简易，随着人类社会的发展，对死者的埋葬问题，逐渐发展成为一件大事。至春秋时，孔子大力提倡"孝道"，厚葬之风日盛，历代不衰，并逐渐形成一套隆重复杂的祭祀礼仪制度和墓葬制度。于是，坟墓被认为是安葬祖宗及父母之首丘，上可尽送终之孝，下以为启后之谋。所以上至皇帝，下至百姓，对坟墓的安置均格外重视。

中华文化中没有宗教信仰，人们情感的寄托、维系全赖敬祖，并因敬祖而重丧葬；古人相信有阴间的存在，故"事死如生，事亡如存"，并因这个观念而重厚葬。因此，作为最高统治者的帝王，为自己修建陵墓就成了一生中之大事，也是继任者之大事。我国帝王陵寝数量众多，历史悠久，且布局严谨，建筑宏伟，工艺精湛，具有独特的风格，在世界文化史上占有重要的地位，具有极高的文化价值和旅游价值。其中，明十三陵以规模宏大、体系完备和保存较为完整在中国帝王陵墓史上具有举足轻重的地位。

明十三陵是中国明朝十三位皇帝的墓葬群，坐落在北京西北郊昌平区境内的燕山山麓的天寿山，东、西、北三面环山，体系完整，规模宏大，气势磅礴，是世界上保存较为完整和埋葬皇帝最多的墓葬群。这里明自永乐七年（1409）五月始作长陵，到明朝最后一帝崇祯葬入思陵止，其间二百多年，先后修建了十三座皇帝陵墓、七座妃子墓、一座太监墓，共埋葬了十三位皇帝、二十三位皇后、二位太子、三十余名妃嫔、一位太监。

明十三陵总面积一百二十余平方千米，其中陵区占地面积达四十平方千米，距离北京市中心约五十千米。陵区周围群山环抱，

中部为平原，陵前有小河曲折蜿蜒，山明水秀，景色宜人。绿树浓荫之中，一座座红墙黄瓦的陵园建筑，檐牙高啄，金碧辉煌，坐落在东、西、北三面的山麓上。其中，长陵位于北面正中位置，余陵分列左右，整体布局庄

严和谐，宾主分明，在青山绿水的掩映下，显得格外肃穆幽雅。明代术士认为，这里是"风水"胜境，绝佳"吉壤"。因此被明朝选为营建皇陵的"万年寿域"。

作为中国乃至世界现存规模最大、帝后陵寝最多的一处皇陵建筑群，明十三陵布局庄重和谐。明成祖朱棣的长陵建于明永乐七年（1409），是陵区第一陵，位于天寿山主峰前。此后明朝依次营建仁宗献陵、宣宗景陵、英宗裕陵、宪宗茂陵、孝宗泰陵、武宗康陵、世宗永陵、穆宗昭陵、神宗定陵、光宗庆陵、熹宗德陵等十一陵，分别坐落在长陵两侧山下。明崇祯帝朱由检的思陵是最后一陵，位于陵区西南隅，系妃坟改用，清顺治元年（1644）始定陵名，增建地上建筑。陵区中部长达七千米的长陵神道（总神道）与各陵相通。景区已开放景点有长陵、定陵、昭陵、神路。

在诸陵中，以长陵的规模最大，思陵的规模最小，建筑布局大同小异。各陵平面均呈长方形，后面有圆形（或椭圆形）的宝城，各陵前都立有石碑，陵墓各有陵垣。建筑自石桥起，依次分列陵门、碑亭、祾恩门、祾恩殿、棂星门、明楼、宝城等。明楼内树碑，上刻皇帝的庙号、谥号。明楼后为宝城。宝城中填黄土，下面就是帝后的寝宫。各陵原设有"监"，专司祭祀扫陵之事，现仅存德陵监监墙。

明十三陵自然环境幽雅，建筑规模宏大，肃穆庄严，气势恢弘，整体性突出，陵寝制度独具风貌，是明朝二百余年历史中中国建筑艺术的杰作和陵寝规划与建造的最高代表。而其历史遗存，又从另一个侧面记录了明王朝的盛衰兴亡，记录了明朝文化、艺术、科学技术的发展状况，展示了中国传统文化的丰富内涵，具有极高的历史和文物价值。

明十三陵数百年间虽遭受自然因素的损坏和局部的人为破坏，但各陵的主体建筑仍保存较好，陵园的格局清晰完整，地下墓室保存完好。1961年，十三陵被公布为全国重点文物保护单位。1982年，国务院公布八达岭——十三陵风

景区为全国四十四个重点风景名胜保护区之一。1991年，十三陵被国家旅游局确定为"中国旅游胜地四十佳"之一。1992年，十三陵被北京旅游世界之最评选委员会评为"是世界上保存完整埋葬皇帝最多的墓葬群"。明十三陵，作为中华民族古老文化的一部分，就像一颗璀璨的明珠，镶嵌在北京的大地上，昔日神圣不可侵犯的皇家陵寝，今日已成为驰名中外的旅游胜地。

中国皇陵

二、为什么北京明皇陵只有十三陵？

明朝历经十六帝，为什么北京只有十三陵呢？

原来，明朝开国皇帝朱元璋建都于南京，永乐皇帝朱棣是在把首都从南京迁到北京后，开始修建陵墓的，所以，他之前的两个皇帝没葬在北京十三陵。作为中国明陵之首的孝陵规模宏大，建筑雄伟，形制参照唐宋两代的陵墓而有所增益。陵占地长达 22.5 千米，围墙内享殿巍峨，楼阁壮丽，南朝七十所寺院有一半被围入禁苑之中。陵内植松十万株，养鹿千头，每头鹿颈间挂有"盗宰者抵死"的银牌。为了保卫孝陵，内设神宫监，外设孝陵卫，有五千到一万多军士日夜守卫。清康熙、乾隆帝南巡时，都曾亲往谒陵，还特设守陵监二员，四十陵户，拨给司香田若干。

据说，建文帝朱允炆当皇帝前，他爷爷朱元璋就有点不放心，提醒他当了皇帝要当心叔叔不服，并给他留下一个包袱，让他遇危难时打开。后来，建文帝采纳齐泰、黄子澄的建议，实行削藩，并下令亲王不得节制文武将吏，更定内外大小官制，以加强中央集权。先后削废周、齐、湘、代、岷五个藩王，又陈兵河北，意在图燕。建文元年（1399），燕王朱棣以"清君侧，诛齐黄"为名，举兵反叛。建文四年（1402），燕军渡江，攻陷京师（今南京），建文帝不知如何是好，他忽然想起爷爷当年交给他的那个包，赶紧拿出来，打开一看，是四套僧衣，还有佛家度牒，并且备有剃刀一把，朱允炆很理解爷爷朱元璋的良苦用心。当即，三个身边亲随同他剃光头发，穿上僧衣，从城角门逃出，等燕王朱棣打进皇城时，活不见人，死不见尸，不知他逃往哪里（一说他在宫中自焚而死）。有人说建文帝乘船逃往海外，所以后来，朱棣派郑和几次出洋寻找。建文帝最终所踪，至今还是个谜，这在明朝历史上是一个悬案，所以也没有建文帝的陵墓。

第七帝朱祁钰，因其兄英宗皇帝被瓦剌所俘，在太后旨意和大臣拥立下即了帝位。朱祁钰年号景泰，史称明代宗。后英宗被放回，在心腹党羽的策划下，搞了一场"夺门之变"，英宗复辟，又做了皇帝，代宗被害死。代宗在位期间，也在十三陵修建了陵寝，当时是寿宫，他的一个皇后杭氏死了之后，就在现庆陵所在位置修建了陵寝，将杭氏埋葬于此。英宗复辟之后，就把代宗封为成王，景泰帝就丢失了皇位，死后也就不能按皇帝的规模和仪制葬进皇家的十三陵。景泰帝死于景泰八年（1457），时年30岁，死后以"王"的身份葬在北京西郊的金山（今颐和园西北的娘娘府附近）。

这样，明朝十六帝有两位葬在别处，一位下落不明，其余的十三帝均葬在位于北京昌平北面的天寿山，才有了今天的"十三陵"。

三、明十三陵的选址

明十三陵是明成祖朱棣派遣全国风水名士而选定的皇陵区。古时候看风水，主要考虑的是地下水位、地气、土质等自然条件，以及棺木、尸体能否较长时间保存的问题，并未涉及与子孙后代的关系。秦汉以后，随着堪舆、相宅之风的盛行，开始掺进了许多迷信的成分。这种迷信色彩的加重，使许多相信风水之说的人认为，墓地选址的好坏与吉凶，直接影响到现实人生，如果墓地风水好，会给子孙后代带来运气，否则就要倒霉，并使家道衰败等等。后来，东晋郭璞写了一本经典风水学著作《葬书》。书中说，作为墓地，能具备左青龙、右白虎、前朱雀、后玄武等条件，就算是上乘宝贵之地。郭璞所说的条件，其实就是指靠山临水、枕山面水、背靠山峰、面临平原。

据《兴国衣锦三僚廖氏族谱》记载，明永乐五年（1407），明成祖的徐皇后病故，明成祖早已想迁都北京，便将徐皇后棺椁暂时安放在南京的皇宫内，命令礼部尚书赵红等大臣，遍访精通风水人士。当时访得江西赣州府兴国县三僚村的廖均卿，因他的先祖廖三传是唐朝著名风水大师杨救贫的传人，廖均卿被召传南京后，奉永乐旨意专为徐皇后选择"吉壤"，他察看了在南京的孝陵风水之后，便到北京找风水宝地，先察看了京西燕台驿、玉泉山、潭柘寺、香山，又察看了京北的阳山茶湖岭和怀柔的洪罗山、百叶山，后又察看了辛家庄、斧口、谷山、文家庄、石门驿、汤泉、禅峰寺，在北京四周足足跑了两年时间，才好不容易找到了几处供挑选的地方。

据说最先找到的是南口外的屠家营，但因皇帝姓朱，"朱"和"猪"同音，皇帝认为猪一旦进了屠户的家，除伸长了脖子任人摆布，没有什么好事，未能同意。另一处选在昌平西南的羊山脚下，"羊"和"猪"本可以相安无事地各

自生活，但山后却偏偏有个村子叫"狼儿峪"，猪的旁边有狼盯梢自然危险异常，也未被采用。再一处是京西的"燕家台"，永乐皇帝感到"燕家"和"晏驾"是谐音，不吉利，又遭到否定。后来廖均卿又呈上京西潭柘寺的绘图给皇帝观看，永乐认为景色虽好，但山间深处地方狭窄，没有子孙发展余地，亦未能入选。

廖均卿遍鉴京郊，挑选的陵寝却一直不合皇帝之意。直到永乐七年（1409），他前往昌平黄土山（即后来的天寿山十三陵所在地），登高纵目，见该处风水绝妙，为他处所不及，便绘成地图，于八月初一到南京上朝，献上地图，并建议明成祖亲临黄土山观察，希望明成祖"高张慧目，广迈皇风"，并说，如将皇陵定于此处，则"玉烛清明，并立辰而永耀；金符浩荡，亘万古以长存；国祚无疆，邦家有庆"。

明成祖听了非常高兴，决定于初八吉辰与各风水师一同前往黄土山定穴位。当时还有另外两名知名风水大师王侃、巫涯，也各自上了奏本。明成祖在比较之后，决定采纳廖均卿的建议。初八子时，明成祖将几位风水大师召到面前，说王侃、巫涯所定穴位不对，廖均卿所定穴位最好，当时赏赐了廖均卿金剑一把、银锄一把，让他去点穴，随即开挖了金井（就是埋棺材的穴位），这便是后来人们看到的十三陵区。

永乐七年（1409），浩大的陵墓工程在黄土山下正式动工，所用军工、民夫四十余万人。这年就在朱棣生日那天，朱棣来到黄土山视察自己的寿宫营建情况，并率领群臣饮酒作歌。待百官上寿时为讨他欢喜，称此山为天寿山。朱棣听罢大喜，即以皇帝的九五之尊，传旨改黄土山的名字为比较顺耳动听的天寿山。

天寿山风水环境有五个典型特点：一是山体为燕山山脉之分支；二是皇陵区东、北、西三面为群山环绕，形成一个向南开口的马蹄形凹地；三是南方远处有案山和朝山，成为出入皇陵区的门户；四是溪河交汇，水源清长；五是土壤优良，宜于植被生长。按照当时的风水理论，天寿山是一个聚气的理想场所。"气"，在古人心中是生发万事万物的根基，能够给子孙带来福禄的葬地，靠的是葬地内的生气。尤其在

廖均卿的墨笔下，天寿山的风水俨然是一幅星宿图："……山如万马奔趋，水似黄龙踊跃；太微天马尊于银潢之南，少府紫微起于天河之北。"这样的雄阔山水和天象结构透露出来的"生气"，岂能不令朱棣龙颜大悦。

十三陵灵气与地形地貌并重，其风水结构可用四个字总结：龙、砂、穴、水，即来龙去脉，左右扶持，背山面水。明代后期的名士蒋一葵在《长安客话》中曾有一段描述："皇陵形胜，自其近而观之，前有凤凰山如朱雀，后有黄花镇如玄武，左莽山即青龙，右虎峪即白虎，且东西山口两大水会流于朝宁河，环抱如玉带三十余里，实为天造地设之区。"古代风水文化中，渗透着中国重意境美、重写意美的国家气质，这种审美倾向对日本等国的影响至今仍在延续，将皇帝葬在这种唯美的生态场中，是封建孝道的一种体现。可以说，这区区四个字，不仅隐藏着颇具现代哲学意义的宇宙观和生命观，以及人与环境和谐、平衡的终极追求，还隐藏着影响我们华夏文化数千年的儒家孝道思想。

当然，明成祖最终同意在黄土岭下兴建陵墓，不只因为风水之说，还有个更重大的意义和原因，那就是这里山势如屏，易守难攻，一旦驻军把守，既可护卫陵寝，又便于保卫京师。

如今的十三陵，众陵以长陵为中心，神路自南端陵门直达长陵，在长达7千米的主神道上建有石牌坊、大宫门、碑亭、华表、石像生、龙凤门等建筑。这些不仅是皇威的象征，而且也用以造成谒陵气氛。

四、明十三陵的特色

2003 年，明十三陵被列入《世界遗产目录》。世界遗产委员会评价为：明清皇家陵寝依照风水理论，精心选址，将数量众多的建筑物巧妙地安置于地下。它是人类改变自然的产物，体现了传统的建筑和装饰思想，阐释了封建中国持续五千余年的世界观与权力观。比较中国历代皇帝陵墓，明十三陵作为中国历史上的一代帝陵墓葬建筑群有着自己的鲜明特色。

（一）崭新的陵寝布局

中国古代的帝陵从秦汉到唐宋，其地上陵寝建筑多以覆斗形的陵台（陵冢）为中心，前设寝殿，周为方垣并四面设门，前开神道，并营造豪华扩室和堆筑高大封土，构成大体均衡对称的方陵体制。其中，唐代帝陵虽大多取"因山为坟"，在山腰处凿建玄宫的方式，但其方垣、四面对称设门的方式仍未脱"方陵"制度的基本模式。明初营建皇陵（朱元璋的父母陵，位于今安徽凤阳）尚袭此制，其后建祖陵（朱元璋的祖父母、曾祖父母、高祖父母衣冠陵，位于今江苏盱眙）又用其制。

至明太祖朱元璋建孝陵始变更古制，创立了一个崭新的陵寝制度，将覆斗式封土改为圆式宝顶，创新为前方（方形院落）后圆（圆形宝城），并增加祭奠设施；采用宝顶、明楼、享殿沿中轴线纵向排列的崭新的陵园布局方式，陵前的神道采用多次转折的曲路形制。

明十三陵的陵寝建筑布局基本继承了孝陵制度，但更趋完善，形成了自己的面貌。如：十三陵台陵明楼内圣号碑的设置，更突出了该建筑的标示作用，棂星、宝城马道之设较之孝陵更便于陵园的巡守，方城前石供案及棂星门的设置，则增加了陵寝的纪念气氛，也为空旷的方城前院补充了点缀物。

在明长陵幽深曲折的神道上，排列的陵寝兆域门

（长陵作大红门，孝陵作大金门）、神功
圣德碑亭、石像生、龙凤门等墓仪设
施，源自孝陵制度。但兆域门前石牌坊
的设置，石望柱改置石像生前，石像生
中增加功臣像等，则为新创，其制度较

之孝陵又更臻完备，更能体现封建社会的礼制特点。明十三陵的墓室形制也很
有特色，既不同于秦汉时期黄肠题凑的木椁墓室制度，也与唐代凿山为穴的做
法有别，是深埋地下的有琉璃瓦、琉璃檐等构件的真正的宫殿式建筑。

（二）整体性历史空前

中国古代帝王陵寝区域的设置，早在战国中期随着陵墓的建造就已出现，
源于我国古代以宗族为单位，按贵族的等级和宗法礼制关系布葬的"公墓"制
度。各个时代陵区规模的大小及建筑的设置各不相同，但总体来说，宋朝以前
历朝历代的帝王陵寝建筑虽然彼此声势相连，形成了布局相对集中的陵寝区域，
但各陵的独立性都很强。以唐朝及北宋诸陵为例，每座陵园都有各自的门阙、
神道和石刻群，均自成体系，它们虽然在地理位置上形成了一个整体，但在建
筑的设置上却彼此不讲究统属，缺乏有机的整体联系。

从陵区的建置情况看，陵区的建筑，除十三座帝陵外还有陪葬墓、行宫等
各式建筑，以帝陵为主体兼有各式不同功用建筑的庞大体系，是吸收了中国历
代，特别是宋代及明孝陵的陵区建设经验而建。然而，明十三陵又有所不同，
各陵虽各有享殿、明楼、宝城，自成独立单位，但陵区之内，长陵神道作为各
陵共用的"总神道"出现，共用的石牌坊、石刻群，加上各陵尊卑有序的布葬
方式，使陵区的建筑紧密相连，形成了一个整体。总之，各陵寝制度都包含了
前代陵园的某些特点，同时又有自己的创新之处。

在陵区的选择上，明十三陵可谓是大小适中的。作为皇陵，自然要求规模
宏大，非大不足以表达皇家的尊重、气派与威严。然而，大也不能无限大，而
要讲究适中。人目力能及的范围，即为适中。人在平原上观察中等物体，目力
半径一般为 2—3 千米，在山区观察山峦等大型物体，目力半径可达 5—6 千米。
明十三陵陵区南北长 12 千米，东西宽 10 千米，正是"极目"最佳视野范围。

117

站在中央观察陵区，会感觉辽阔而不空旷，紧凑而不压抑，达到了最佳的视觉效果。

明十三陵自成一体，疏密适当，相互映衬。每座陵墓分别建于一座山前，相邻两座帝陵的距离一般都在0.5—1千米左右。这样的距离，保证每座帝陵都是完整独立的建筑体系，不受其他帝陵的影响；同时，它们又是精心安排，相互衬托的。帝陵之间，遥遥相望，互为表里，"借景"而不"夺景"，可谓匠心独特。采用这种美学原则，其背后蕴藏着深刻的政治与伦理内涵。皇帝们在世的时候，是至高无上的统治者，他们经营着自己的王朝，不愿受任何势力的左右。晏驾之后，也是"独霸"一方，不肯与他人共享风水。这是封建皇权的深刻反映。然而，皇帝也是人，他们的皇位，是从祖宗那里继承下来的，他们对父、祖辈的皇帝缅怀与眷恋，也是人之常情。这使得他们死后，陵寝又要依附于祖陵之旁，不宜太远，这又是封建伦理关系的自然反映。

除思陵偏在西南一隅外，其余均呈扇面形分列于长陵左右。在中国传统风水学说的指导下，十三陵从选址到规划设计，都十分注重陵寝建筑与大自然山川、水流和植被的和谐统一，追求形同"天造地设"的完美境界，用以体现"天人合一"的哲学观点。明十三陵这种依山建陵的布局也曾受到外国专家的赞赏，如英国著名史家李约瑟说：皇陵在中国建筑形制上是一个重大的成就，它整个图案的内容也许就是整个建筑部分与风景艺术相结合的最伟大的例子。他评价十三陵是"最大的杰作"。他的体验是："在门楼上可以欣赏到整个山谷的景色，在有机的平面上沉思其庄严的景象，其间所有的建筑，都和风景融汇在一起，一种人民的智慧由建筑师和建筑者的技巧很好地表达出来。"明十三陵作为中国古代帝陵的杰出代表，展示了中国传统文化的丰富内涵。

（三）自然环境优美壮观

中国古代帝王陵寝的选址，大多受堪舆风水术的影响。由于明朝时皇家陵地卜选采用的是盛行于当时的江西之法，亦即形势宗风水术，注重龙、穴、砂、水的相配关系，而明十三陵所在的天寿山吉地又是永乐年间江西著名

的风水术士廖均卿等人所选，因而明十三陵自然环境具有四面青山环抱，中间明堂开阔，水流屈曲横过的特点。

十三陵是一个天然具有规格的山区，其山属太行余脉，西通居庸，北通黄花镇，南向昌平州，不仅是陵寝之屏障，实乃京师之北屏。太行山起泽州，蜿蜒绵亘北走千百里山脉不断，至居庸关，万峰矗立回翔盘曲而东，拔地而起为天寿山。山崇高正大，雄伟宽弘，主势强力。明末清初著名学者顾炎武曾写诗描述这里的优胜形势："群山自南来，势若蛟龙翔；东趾踞卢龙，西脊驰太行；后尻坐黄花（指黄花镇），前面临神京；中有万年宅，名曰康家庄；可容百万人，豁然开明堂。"这一优美的自然景观被封建统治者视为风水宝地。

十三陵周围的军都山余脉，在陵域东、西、北三面形成环抱式天然屏障，北部的天寿山主峰三峰并峙，中峰海拔 760 余米，是陵区最高峰。环山之中，是洪水冲积形成的小盆地，山壑中的水流在平原中部交汇后，蜿蜒东去。陵区南部的龙山、虎山一左一右，虎踞龙盘，把守门户。伫立平原北望，群山巍峨，层峦叠嶂；登高南眺，河水潆洄，川原开阔。如此磅礴壮观的地理环境，正是中国古代风水学说极力推崇的"四势完美""山川大聚"的帝王陵寝吉壤。

明十三陵陵区植被以常绿的松柏树为主。帝陵神道及陵宫有松柏和橡树，行宫、衙署则均植以国槐。在这些关系陵寝威仪的树木中，红墙黄瓦的陵寝及行宫等高级的建筑物被衬托得十分醒目，而陵旁灰色布瓦为顶的内外衙署（神宫监、祠祭署等）以及陵区侧翼红墙绿瓦的妃坟建筑则显得较为隐蔽。瓦饰色彩的不同标志着陵区内建筑的不同等级。

总之，明十三陵各陵所在位置又都背山面水，处于左右护山的环抱之中。这一陵址位置与建在平原之上的陵墓相比，其自然景观显得更为赏心悦目，丰富多彩，更能显示皇帝陵寝肃穆庄严和恢弘的气势。

（四）建筑宏伟壮丽

在封建社会，陵寝和皇宫建筑一样，属于礼制性建筑，故而"其体至大，而其仪至严"，用萧何的话说，就是"非壮丽无以重威"，必须有一定宏伟壮丽的规模才能发挥出"正名分，辨尊卑，别上下"的礼制渲染作用。所以，明十三陵规模宏大，气势雄伟，堪称难得的建筑精品。

明十三陵的建筑，以长陵为例，大体分为四个组成部分。第一部分，从石牌坊经三孔石桥到大红门，长1.25千米，是陵区建筑的第一个密集部分，也是序幕；第二部分，从大红门至龙凤门，长1.7千米，分布有神功圣德碑亭和多达36尊的石像生，是陵区建筑的第二个密集部分，也是陵区建筑的第一高潮；第三部分，从龙凤门到陵宫门前，长4.4千米，只分布着三座汉白玉石桥，表现为建筑上的疏散部分，是陵区建筑的低潮，但是，这个低潮是为即将到来的高潮而做的准备；第四部分，到了陵宫，又是一个密集部分，陵门、祾恩门、祾恩殿、明楼、宝顶，一个比一个雄伟，一个比一个高大，将陵区建筑推向了艺术的最高峰。这种错落有致的空间序列，不仅在个体艺术形象上给人以美的享受，而且通过不同功用建筑群体的有序安排，产生了震撼人心的群体艺术感染力。

总之，明十三陵建筑宏伟，加之吸吮大自然之壮美，使陵寝建筑的威严和大自然的磅礴气势相互融合，共同形成了一种神圣、永恒、崇高、庄严、肃穆而又充满生气的纪念气氛，成为中国陵墓建筑史上的一个里程碑。

（五）防御体系完备

明十三陵还设计了良好的防御体系。从陵区的建置情况看，明十三陵更有"边塞"陵区的特色。虽然，我国历代的陵区建筑都具备一定的防卫条件，以防止陵区建筑的人为破坏和维护陵区的秩序。但由于中国历代帝都的位置通常处于王朝统治的中心地带或偏于内地的经济发达地区，距离边关较远，所以，近京而设的陵区防卫体系一般来说也主要是用来防范来自王朝统治范围之内的破坏力量，其主要功能是"制内"。而明十三陵陵区的情况就不同了。明成祖迁都北京，主要目的是利用北京背倚燕山山脉，既有险可恃，又与蒙古高原和东北平原相距不远，能有效防御和抗击蒙古贵族的南犯并控制东北地区。而天寿山陵区恰处京北居

庸关与古北口两大军事要塞之南，北距长城不过三十几千米，军事防御实为第一要务，所以陵区不仅周围沿山设险，修筑有可资派军防守的十口城垣、敌台、拦马墙等军事防御建筑，还在山势低矮的陵区之南修筑了可以屯驻重兵的昌平和巩华二城，以保卫陵区。

由此可见，天寿山陵区的城堡式防御体系已绝不仅仅是为了"制内"，而是带有明显的"御外"性质。也就是说，它是特殊历史条件下产生的一种具备大规模作战条件的"边塞"式陵区防御体系。

（六）明朝兴衰史的缩影

明十三陵各陵建造的节俭与铺张反映了明代兴衰史。在明代的陵墓中，我们也能隐约看到明朝从盛到衰极富特色的变化轨迹，如最盛期明成祖长陵、由盛而衰期的世宗永陵、神宗定陵和覆亡期崇祯思陵四个实例，可以明显看出这一点。光宗泰昌帝庆陵和景泰陵的例子，反映了皇室内部争权夺位的斗争，这也是明朝兴衰史的一部分。

长陵的左右有两座陵墓，献陵和景陵。献陵是明第四位皇帝朱高炽和皇后张氏的陵寝。景陵在天寿山东峰之下的黑山，是第五位皇帝朱瞻基与皇后孙氏的合葬陵寝。这两位皇帝相似处：建朝之初，知道创业之艰，考虑到长治久安的大业，在陵墓建造上要求节俭。

至明朝中后期，开始铺张起来，即永陵及定陵。永陵规模不及长陵，但构造精美细致。永陵的砖石结构的明楼，造型新颖的圣号碑，别具一格的宝城城台设计，以及宝城墙花斑石垒砌的城垛，祾恩殿、祾恩门"龙凤戏珠"图案的御路石雕也都是以前各陵没有的，这些做法后来为定陵所效法。永陵的建成，耗费了大量国库银两。定陵的修建耗时六年，总共花费了白银800万两，相当于两年的国库收入，陵墓的规模和永陵规模相当，但是比永陵奢华。在陵墓修建过程中，由于经费的紧张，万历皇帝开始公开出卖国家官职，以此来筹集陵墓建设的费用。这对明朝的衰亡产生了极大的影响。

思陵是明朝末代皇帝崇祯帝的墓，在明代它本是一座妃子墓——皇贵妃田氏之墓。由于李自成攻入北京，崇祯帝自缢身亡，草草葬入田贵妃之墓。至清乾隆年间，思陵才又加以修葺。

五、明十三陵览胜

(一) 神道

1. 简介

十三陵神道，是长陵陵寝建筑的前导部分，起于石牌坊，穿过大红门，一直通向长陵，总长约7.3千米。原为长陵而筑，但后来便成了全陵区的主陵道了。明朝时由南而北，依次建有石牌坊、三空桥、大红门、神功圣德碑亭、石像生、棂星门、南五空桥、七空桥、北五空桥等系列神道墓仪设施及桥涵建筑，错落有致，蔚为壮观。神道始建于明正统初年，明嘉靖十九年（1540）完成。现除桥涵建筑已残坏外，其他墓仪设施保存较好，其中神功圣德碑亭、大红门和龙凤门于新中国成立后曾进行修缮。明朝时各陵陵宫内外及神道两旁栽植大量的松柏树，现陵宫内松柏树长势茂盛。神道两侧松柏多于清代被砍伐。各陵陵宫之外，明朝时均设有神宫监、祠祭署、朝房等附属建筑，这些建筑中，神宫监在清朝时已变成自然村落，但围墙、门楼尚有存者，祠祭署、朝房等毁于清代，已无遗物保存。

2. 主要景点

(1) 石牌坊

神道上的第一座建筑，建于嘉靖十九年（1540），是明世宗朱厚熜为旌表其祖先的丰功伟绩而建造的功德牌楼，也是我国现存最早和建筑等级最高的大型仿木结构石牌楼。

坊体由白石和青石雕琢组装而成，面阔五间（通阔28.86米），形制为五门六柱十一楼。五门之中，中部明间最宽，左右两侧次间、梢间宽度依次递减。顶部有主楼五座、夹楼四座、边楼两座。明间主楼最高，其正脊顶部至地面高约12米，各楼均作庑殿顶。支撑楼体的六根石柱下端均有夹杆石。夹杆石四面浮雕精美，分别雕刻着"双狮滚绣球""云龙"和"草龙"图案。夹杆石顶部前后各雕麒麟或卧狮等浮雕，左右两侧均雕宝山。此坊体量宏伟，比例谐调，制作精美，通透空灵，是我国现存石牌坊中少有的上乘之作。整个牌坊结构恢弘，雕刻精美，反映了明代石质建筑工艺的卓越水平。

过了石牌坊，即可看到在神道左、右有两座小山。东为龙山（也叫蟒山），形如一条奔越腾挪的苍龙；西为虎山（俗称虎峪），状似一只伏地警觉的猛虎。中国古代道教有"左青龙，右白虎"为祥瑞之兆的传说，"龙""虎"分列左右，威严地守卫着十三陵的大门。

（2）大红门

坐落于陵区的正南面，处于龙山和虎山之间，是陵区的总门户。大红门门分三洞，又名大宫门，墙体为红色，单檐庑殿顶，上覆黄色琉璃瓦，下承石刻冰盘檐，辟三券门。这规范了进出陵区人员的礼制观念。中门是已故皇帝、皇后棺椁和神主、神牌、祭品、仪仗通行之门。左门（东门）是皇帝谒陵通行之门。右门（西门）是谒陵官员谒陵进入陵区所经之门。这是古代"居中而尊"和"尚左"礼制观念的具体体现。

文献记载，大门两侧原设有两个角门，并连接着长达40千米的红色围墙。封闭陵区南端的墙体，从大红门左右两侧延伸至龙山、虎山两山之巅，然后再向东西两侧蜿蜒而去。大红门处于高岗之上，中门正对天寿山主峰，左右又衬以龙山和虎山，气势非凡。凡是前来祭陵的人，都必须从此步入陵园，以显示皇陵的无上尊严。

（3）下马碑

立于大红门前左右两侧，形制相同，高5.32米。碑的正反面均刻有"官员人等至此下马"八个字。朝廷命官前来谒陵，到此碑前必须下马步行入陵，以示崇敬。明人张循占曾对陵区的神圣威严进行过描绘："华表双标白玉栏，红门下马驻银鞍。朝霞照耀青袍色，翠滴松楸碧殿寒。"

（4）神功圣德碑亭

位于神道中央，是一座歇山重檐、四出翘角的高大方形亭楼，碑亭平面为方形，台基边宽 23.1 米，亭高 25.14 米，四面各辟券门。碑亭四壁及台基为明朝原物，亭内石条券顶是清乾隆五十至五十二年（1785—1787）修缮时改建的，现仍完好如初。长陵神功圣德碑恢弘壮观的碑亭、形态优美的华表、雄伟高大的碑石，与鸿篇巨制的"大明长陵神功圣德碑"碑文相互映衬，相得益彰。

碑亭之内树立着"龟趺螭首"式石碑，通高 7.9 米。碑首有六条高浮雕形式的蛟龙，蛟龙首尾交盘、头部下垂。碑趺是一个昂首远眺的大龟。龟下有一层长方形的石台，上刻水波漩流。此种碑式自唐代以后遗存较多。《大明会典》中称此种碑式为龟趺螭首，而在一些古代建筑营建的书籍之中又称其为赑屃鳌座碑或屃头龟蝠碑。赑屃或立于碑首，或仆于碑下，都是忠于职守。无论称呼怎样，都显示出此种碑式的高贵等级与神秘色彩。

神功圣德碑碑首正面题"大明长陵神功圣德碑"九个大字。碑身阳面即是明仁宗朱高炽亲自撰写的长达 3500 多字的"大明长陵神功圣德碑"碑文，碑文书丹者，为正统初著名书法家、太常卿兼翰林侍书程南云。所书碑文，结构严谨，笔力遒劲，是一件难得的书法佳作。该碑碑文作于洪熙元年（1425），碑石却是宣德十年（1435）才刻成的。在碑阴面还刻有清代乾隆皇帝写的《哀明陵十三韵》。碑文详细记录了长、永、定、思诸陵的残破情况。碑东侧是清廷修明陵的花费记录，西侧是嘉庆帝论述明代灭亡的原因。

碑亭四角立有华表，白石雕刻而成，高 10.81 米，对称而设。四座华表形制和纹饰相同，基座均为平面呈八边形的须弥座，其上下坊束腰处均雕有精美细致的云龙图案。华表柱为八角形，但棱角处比较浑圆。顶部均蹲有一只异兽，名为望天吼。华表和碑亭相互映衬，显得十分庄重神圣。

（5）石像生

从长陵神功圣德碑亭往北的 800 余米的区域内，矗立着 12 对石兽和 6 对石人，古称石像生（石人又称"翁仲"），雕工精细，造型生动，是珍贵的古代艺术。据史料记载，陵墓石刻在西周时就已出现，但汉之前遗留下来的实物不多。汉以后大量出现，盛于唐，清代衰落。这些石兽、石人在古代称作石仪卫，明朝以后称"石像生"。封建帝王崇奉"事死如事生"的礼念，认为人死以后，在阴

间仍需要阳间的一切，诸如衣、食、住、行等等。因而在陵园的建置上，必须再现生前的生活场景。所以在陵园的神道两侧树起石人和石兽，展示出帝王驾前的威仪，表示皇帝死后也要和生前一样主宰一切。

十三陵石像生设置基本沿用明孝陵制度，不同之处是将石望柱由石像生的中间移到石像生的最前端，并增加了四功臣像。十三陵石像生数量之多，形体之大，雕琢之精，保存之好，是古代陵园中罕见的。其排列顺序是石望柱、狮子、獬豸、骆驼、象、麒麟、马、武将、文臣和功臣。石兽和石人均相对排列于神道两侧。将它们陈列于此，赋有一定含义。例如，雄狮威武，而且善战；獬豸为传说中的神兽，善辨忠奸，惯用头上的独角去顶触邪恶之人。狮子和獬豸均是象征守陵的卫士。麒麟，为传说中的"仁兽"，表示吉祥之意。骆驼和大象，忠实善良，并能负重远行。骏马善于奔跑，可为坐骑。石人分将军、文臣和功臣，各四尊，为皇帝生前的近身侍臣，将军头戴凤翅盔，身着铠甲，威风凛凛，一派虎威；文臣和功臣身着朝服，头戴七梁冠，手持朝笏，神态肃穆。

(6) 棂星门

位于石像生的尽头，又叫龙凤门。它设门三道，每道门有两块门枕石，可安两扇门扉，以取"设六扉而开阖"之意。四根石柱构成三个门洞，门柱类似华表，柱上有云板、异兽。在三个门额枋上的中央部分各饰有宝珠火焰装饰，人们又称之为"火焰牌坊"。

(二) 长陵

1. 简介

明长陵位于天寿山主峰南麓，是明朝第三位皇帝成祖文皇帝朱棣（年号永乐）和皇后徐氏的合葬陵寝。陵园始建于建北京皇宫（故宫）的第三年（1409），建成于明永乐十一年（1413），规模宏大，用料严格考究，施工精细，工程浩繁，营建时日旷久，仅地下宫殿就历时四年。长陵是十三陵中的祖陵，建筑最早、面积最大、规模最宏伟、工艺用料最考究、原建筑保护最完整。历经六百年沧桑，仍完好无损，金碧辉煌。它早已被公布为全国第一批重点文物保护单位，以其宏大的古建筑和辉煌的艺术成就，丰富的历史文化内涵，吸引着每年数以百万计的中外游人和各界专家学者。

2. 陵主生平

(1) 明成祖朱棣

明成祖朱棣（1360—1424）是明太祖朱元璋第四子，生于应天，时事征伐，并受封为燕王，后发动靖难之役，起事攻打侄儿建文帝，夺位登基。死后原庙号为"太宗"，百余年后由明世宗朱厚熜改为"成祖"。

朱棣是个颇有作为的皇帝。文献记载，他"貌奇伟，美髭髯，智勇有大略"。早在当燕王时，就曾屡率诸将出征。明成祖以永乐作为年号，具有雄才大略，励精图治，发展经济，提倡文教，使得天下大治，并且宣扬国威，派遣"三保太监"郑和率领庞大的船队，远航西洋各国，大力开拓海外交流，后世史学家赞为"永乐盛世"。

(2) 仁孝文皇后徐氏

仁孝文皇后徐氏，明洪武九年（1376）册封为燕王妃，朱棣称帝册封为皇后。明永乐五年（1407）七月四日去世，享年46岁。谥"仁孝慈懿诚明庄献配天齐圣文皇后"，永乐十一年（1413）二月，长陵玄宫落成，葬入陵园。

3. 陵宫建筑一览

长陵的陵宫建筑，占地约12万平方米。其平面布局呈前方后圆形状。其前面的方形部分，由前后相连的三进院落组成。

第一进院落，前设陵门一座。其制为单檐歇山顶的宫门式建筑，面阔显五间，檐下额枋、飞子、檐椽及单昂三踩式斗拱均系琉璃构件，其下辟有三个红券门。陵门之前建有月台，左右建有随墙式角门（已拆除并封塞）。院内，明朝时建有神厨（居左）、神库（居右）各五间，神厨之前建有碑亭一座。神厨、神库均毁于清代中期，碑亭则保存至今。

第二进院落，前面设殿门一座，名为棱恩门。据《太常续考》等文献记载，天寿山诸陵陵殿名为"棱恩殿"，殿门名为"祾恩门"，始于明嘉靖十七年（1538 年），是世宗朱厚熜亲易佳名。其中，"祾"字取"祭而受福"之意，"恩"字取"罔极之恩"意。长陵熜恩门，为单檐歇山顶形制，面阔五间（通阔 31.44 米），进深二间（通深 14.37 米），正脊顶部距地面 14.57 米。檐下斗拱为单翘重昂七踩式，其平身科斗拱耍头的后尾作斜起的杆状，与宋清做法俱不相同。室内明间、次间各设板门一道，梢间封以墙体。其中明间板门之上安有华带式榜额，书"祾恩门"三金字。

门下承以旱白玉栏杆围绕的须弥座式台基。其栏杆形制为龙凤雕饰的望柱和宝瓶、三幅云式的栏板。台基四角及各栏杆望柱之下，各设有排水用的石雕螭首（龙头）。台基前后则各设有三出踏跺式台阶。其中路台阶间的御路石上雕刻的浅浮雕图案十分精美：下面是海水江牙云腾浪涌，海水中宝山矗立，两匹海马跃出水面凌波奔驰；上面是两条矫健的巨龙在云海中升降飞腾，追逐火珠，呈现出一派波澜壮阔的雄伟景象。

祾恩门两侧还各有掖门一座，均作随墙式琉璃花门，门上的斗拱、额枋，门顶的瓦饰、椽飞均为黄绿琉璃件组装，在红墙的映衬下格外分明。院内，北面正中位置建有高大巍峨的祾恩殿。这座大殿在明清两代，是用于供奉帝后神牌（牌位）和举行上陵祭祀活动的地方。它是十三陵所有建筑中最大的一座殿宇，也是我国唯一的一座本色楠木巨殿，为谒陵时举行祭祀仪式的地方，面阔九间，进深五间，内竖六根不加粉饰的楠木巨柱，最高达 14 米，直径 1.17 米。殿后穿过内红门便是明楼方城，方城下有甬道可登上明楼。与明楼相连的是宝城城墙，周长 1 千米左右，中间是宝顶。

第三进院落，前设红券门制如陵门，为陵寝第三重门。院内沿中轴线方向建有两柱牌楼门和石几筵。

两柱牌楼门，为柱出头式牌坊，又称棂星门。其两石柱，截面作方形，顶部各雕一坐龙（两龙相对），前后戗抱鼓石。柱间木构部分仍为民国二十四年（1935）时仿景陵制增构。其制，单檐一间，黄琉璃瓦顶，两山面各置博缝板，檩枋之下置重翘五踩品字斗拱六攒，其里外拽的拱头、耍头均作三幅云形式。斗拱之下依次安装平板枋、大额枋、花板、小额枋、门框、上槛（安装门簪四枚）、余塞等构件。

两柱牌楼门后为石几筵。它由石供案和五件雕刻精致的石供器组成。石供案，须弥座形制。其上下枋均浮雕串枝花卉，上下枭刻仰俯莲瓣，束腰部分刻花结带图案，四角雕刻玛瑙柱之形。案体规整大方，基本完好。案上五供器俱全。中间的石香炉，作三足鼎形，炉身和炉盖各用一整石雕成。炉身部分腹部圆浑，三足外侧各雕云纹饕餮。炉耳、炉沿则分雕回纹图案；炉盖，底径大小同炉沿，顶圆，下雕一周海水江牙图案，上雕云纹及一头部前探的盘龙。烛台，形状略似古祭器中的"豆"，烛盘下雕仰莲瓣一周，下雕云纹。花瓶，小口大腹，两耳各雕衔环。

陵园的宝城建筑构成了"后圆"部分。其前部与第三进院落相接，形成一个整体。宝城，明代文献中又作"宝山城"，因城内覆盖玄宫（墓室）的封土称为"宝山"而得名。从外观上看，它就像一个封闭的圆形城堡，城高 7.3 米，外侧雉堞（垛口）林立，内侧置宇墙，中为马道，宽 1.9 米。宝城周长约 1 千米。宝城之内是埋葬帝后的玄宫（墓室）建筑，上面堆满封土，中央部分隆起，像一座小山陵，故称"宝山"。我国古代的陵冢，秦、汉以来，多作覆斗形状，其周围的陵墙平面也作方形，而明朝的帝陵，自南京孝陵始，创制为圆形的陵冢，外护以圆形宝城墙。

宝城的前部，沿轴线方向建有方城和明楼。方城高 12.95 米，下设平面走向呈"T"形的券洞，该券洞，《大明会典》中又作"灵寝门"，其实际作用相当于进出宝城的城门洞。券洞内原建有随墙式黄琉璃屏和前、左、右三道门扇对开的城门（现黄琉璃屏和门扇均已不存）。从琉璃屏前东西分驶，可出方城而达于宝城内。方城之上，建有一座重檐歇山顶的明楼。

4. 棱恩殿

明十三陵的长陵棱恩殿是长陵陵宫地面建筑中的主要建筑，坐落在三层汉白玉石栏杆围绕的须弥座式台基上，金砖铺地，为中国为数不多的、保存完整的大型楠木殿宇，宏大的楠木建筑为世间罕见。殿面阔九间（66.56 米），进深五间（29.12 米），象征着皇帝"九五"之位。所有木件全用金丝楠木为之，古色古香。

长陵的主要建筑祾恩殿，和故宫中的太和殿一样大，总面积达 1956 平方米。它有一点比太和殿更突出，那就是它的柱、梁、檩、椽和檐头全部使用楠木，支撑殿宇的 60 根楠木大柱，用材粗壮，特别是林立殿内的 32 根重檐金柱，都是用整根金丝楠木制成的，承托着 2300 平方米的重檐庑殿顶，雄伟壮观、举世无双。最粗的一根重檐金柱，高 12.58 米，底径达到 1.124 米，为世间罕见佳木。据说，当时这些楠木采自四川、湖广一带的深山密林之中，光是从产地将这些巨大的楠木运到陵园，就用了五六年时间。清孙承泽《春明梦余录》卷 4 记明代运图，自蜀运木有"山川险恶""跋踄艰危""蛇虎纵横""采运困顿""飞桥度险""悬木吊崖""天车越涧""巨浸飘流"等险恶经历。而结筏水运时，每筏运木 604 根要用竹 4405 根，此外，还配有运夫 40 人，自蜀至京，不下万里，一木至京，费银可达万两。这样粗大的楠木，这样宏伟的楠木建筑物，在全国已是绝无仅有了，所以这个殿就显得特别珍贵。朱棣当了 22 年皇帝，在他称帝的第 6 年就开始营建陵墓，共用了 5 年。

殿内"金砖"铺地，殿下有 3 层汉白玉石栏杆围绕的须弥座式台基和一层小台基，总高 3.215 米。台基前出三层月台。每层月台前各设三出踏跺，古称"三出陛"。殿中端坐于九龙宝座之上的永乐皇帝铜像，形象逼真，做工精湛考究，此造像是世上精美绝伦的艺术佳作。

祾恩殿的左右两翼，明朝时曾建有左右配殿（又作"廊庑"）各十五间，清代中叶毁坏并拆除。配殿之前各建有神帛炉一座，至今保存完好。其制均由黄、绿琉璃件组装而成，小巧玲珑。炉顶为单檐歇山式，炉身正面为四扇假棂花槅扇，正中辟券门，门内为小室，用于焚烧祭祀所用的神帛和祝版。

长陵祾恩殿陈列的"出土文物展览"，是将定陵部分出土文物移到长陵陈列，分为三部分：西半部是出土文物，共 22 个展柜 180 余件文物，分别为金器、银器、瓷器、玉器、金锭、银锭、宝花、玉佩饰、玉带、宝带、首饰、袍服、百子衣等，其中有原物也有复制品；东半部是御用织锦陈列，均为复制品，共 11 个柜子 17 件展品；中间是十三陵全景模型。其中"金丝翼善冠"十分漂亮，轻巧、华贵，它出自万历帝头侧的一个圆盒内。冠重826克，高24厘米，直径17.5厘米。此冠虽属于皇帝常服冠戴，但制作工艺技巧登峰造极，达到了炉火纯青的地步。此翼善冠分为"前屋""后山"和"金折角"三个部分，全系金制。其前屋部分，以518根0.2毫米细的金丝编成"灯笼空儿"花纹。由于当时的工匠技艺纯熟，所编花纹不仅空档均匀、疏密一致，而且无接头、无断丝，看不到来龙去脉，有如罗纱轻盈透明。后山与折角也全用金丝编成，编织形式同前屋。后山部分组装有二龙戏珠图案的金饰件，其中二龙的头、爪、背鳍和二龙之间的火珠，全部采用阳錾工艺进行雕刻，呈半浮雕效果；龙身、龙腿等部位则采用传统的掐丝、垒丝、码丝工艺进行制作，每个鳞片均以金丝搓拧成的花丝。然后码焊成形。由于工匠焊接时火候掌握得恰到好处，如此复杂的图案装饰，却不露丝毫焊口痕迹。这样绝妙的技艺令人叹为观止。

5. 长陵明楼

长陵明楼，明朝及清初时曾在前、后、左、右四面对称设置红券门，不仅楼体外檐斗拱系木结构，内部也都是木质的梁架结构，因此《帝陵图说》有"栋梁楠梗"的记载。但因多年失修，到了清朝中期，"搁架木植者皆糟朽坍卸"，乾隆五十年（1785）修缮各陵明楼时，一律改为石券门。

明楼的外观形制基本如旧，其中上下檐四面均各显三间，上檐饰单翘重昂七踩斗拱，下檐饰重昂五踩斗拱，斗拱后尾均砌于砖体内。上下两檐之间，在南面一侧有华带式木榜额，书"长陵"两金字，亦如明朝旧制。楼内正中立有"圣号碑"。碑制为龙首方趺，篆额"大明"，下刻"成祖文皇帝之陵"七个径尺楷书大字。其中，"成祖"是朱棣的庙号；"文"是朱棣的谥号（寓意"经纬天地"），文字旧时泥金，碑身用朱漆阑画云气，故又有"朱石碑"的俗称。

6. 相关历史典故

在明十三陵中，除思陵外，每座陵墓前都有一碑趺碑，即神功圣德碑，碑下以龟为趺（底座）。神话传说中龟是龙的儿子。龙生九子，各有所好，其中一子好负重，就是龟。龟以长寿著称，自古受到人们的器重。皇帝自称真龙天子，龟既是龙的儿子，又有负重本领，故而用以为趺（底座）。

那么，巨大的石碑在当时的条件下是用什么方法立到龟背上的呢？具体方法尚未见有所记载，却有"龟不见碑"的传说。日本刻本《文海披沙》中记载这样一个故事：当初明成祖为他父亲朱元璋建碑时，因龟趺太高，石碑怎么也立不上去。一天，施工总管梦见神人对他说："想立此碑，必须龟不见碑，碑不见龟。"醒后，他想了想就明白了。到工地后，他叫人往龟背上运土，把龟埋起来，然后顺土坡将碑拉上去，等碑

立起后，再将土去掉。此段史话虽然带有迷信色彩，然而"龟不见碑"的说法是合乎道理的。这种"堆土法"是古代劳动人民智慧的结晶。

（三）献陵

1. 简介

明献陵，位于天寿山西峰之下，是明朝第四帝仁宗皇帝朱高炽（年号洪熙）和皇后张氏的陵寝。献陵的营建是在仁宗死后开始的。仁宗临终曾遗诏："朕既临御日浅，恩泽未洽于民，不忍重劳，山陵制度务从俭约。"宣宗朱瞻基即位后，遵照仁宗遗诏营建献陵，皆从俭制。从洪熙元年（1425）七月兴工，到八月玄营落成，九月埋葬仁宗，仅用了三个月的时间。此后，地面建筑也陆续营建。由于献陵陵制不追求奢华，所以，前人在述及明陵时有"献陵最朴，景陵最小"之说，它成为此后明陵建筑的楷模。

2. 陵主生平

（1）明仁宗朱高炽

明仁宗朱高炽（1378—1425），明成祖朱棣长子，生于安徽凤阳，1395年册立为燕王世子，1404年立为皇太子，1424年即皇帝位，次年改元洪熙，不久逝于饮安殿。谥"敬天体道纯诚至德弘文钦武章圣达孝昭皇帝"。

仁宗皇帝虽然在位时间很短，却是个较能体恤民情、处事宽和的帝王。他能够任用贤臣，虚心纳谏；对百姓的疾苦也比较关心，规定受灾地区的官员如不为受灾百姓申请赈济，就要治罪。由于仁宗在位期间推行了较为开明的政策，

史书评论他："在位一载，用人行政，善不胜书。"又说，如果他能多年在位，政绩可与汉代的文、景二帝相比。

(2) 诚孝昭皇后张氏

诚孝昭皇后张氏，仁宗原配，永城人。1395 年，封燕王世子妃。1404 年，封皇太子妃。仁宗即位，册立为皇后。宣宗即位，尊为皇太后。英宗即位，尊为太皇太后。明正统七年（1442）十月十八日去世，谥"诚孝恭肃明德弘仁顺天启圣昭皇后"。葬献陵。

3. 陵宫建筑一览

相比其他陵寝，献陵制度比较俭朴。其神道从长陵神道北五空桥北分出，长约 1 千米。途中建有单空石桥一座。路面为中铺城砖，两侧墁碎石为散水，十分俭朴，并且没有单独设置石像生、碑亭（现存碑亭为明嘉靖年间增建）等建筑。

献陵陵宫朝向为南偏西 20°，占地仅 4.2 万平方米左右。其陵殿、两庑配殿、神厨均各为 5 间，而且都是单檐建筑；门楼（祾恩门）则仅为 3 间；方城、明楼不仅不像长陵那样高大，而且城下券门改为更简单的直通前后的形式。照壁则因之不设于券洞内而设于方城之后，墓冢之前。

与长陵不同，明献陵的祾恩殿和方城明楼是彼此不相连属的。前面以祾恩殿为主，建有一进院落，殿前左右建两庑配殿和神帛炉，院的正门为祾恩门。后面以宝城、明楼为主，前出一进院落。院内建两柱棂星门、石供案。院门为三座单檐歇山顶的琉璃花门。

在祾恩殿和方城明楼前的两个院落之间，有一座小土山（影壁山），名为玉案山，它从陵园左侧延伸而来，是献陵的龙砂。因其屈曲环抱陵前，所以，又是献陵的近案。风水中，"龙喜出身长远，砂喜左右回旋"，"龙虎环抱，近案当前"，属于内明堂格局（内明堂指穴山的前方左龙右虎环抱之内的平夷之地）。献陵玉案山以及龙砂、虎砂和来山范围内的小格局，正是风水术士们所鼓吹的完美的内明堂格局。这样的精心设计，不仅解决了献陵明堂地域面积小，建不下宝城和前面两进院落的问题，维护了"龙砂不可损伤"的风水信条，而且使陵园山重水复、殿台

参差，形成了人文景观与自然景观和谐统一的美，使几何形体陵园建筑在山、水、林木的映衬下，更加错落有致。

4.相关历史典故

献陵陵寝中间有一道小山梁，使祾恩殿和后面的方城明楼在院落上彼此不相连属。前面以祾恩殿为主，建为一进院落，后面以宝城、明楼为主，前出一进院落。这座小山，正好从正面挡住陵园的明楼和宝城，民间叫它"遮羞山"。传说墓主仁宗皇帝生前曾误入其父妃子的寝宫，朝野以为失礼。仁宗为保持天子尊严，对天起誓，矢口否认，说如有此事，就让龙把自己吃掉。不料金銮殿上真有一龙飞腾而下，一口将仁宗吞下，大臣们急忙救驾，却只抢下一只靴子。宣宗只好将父亲的靴子葬入陵中。为了遮掩此事，特意把真正的陵体安排在这座小山之后。其实，陵园的这座小山，真名叫"玉案山"，与遮羞并无关系。

（四）景陵

1.简介

明景陵，位于天寿山东峰（又名黑山）之下，是明朝第五帝宣宗皇帝朱瞻基（年号宣德）与皇后孙氏的合葬陵寝。景陵的营建始自宣宗去世之后。英宗朱祁镇即位后随即派人赴天寿山陵区卜地。宣德十年（1435）正月十一日，陵寝营建正式动工。太监沐敬、丰城侯李贤、工部尚书吴中、侍郎蔡信等奉命督工。成国公朱勇、新建伯李玉、都督沈清及内府各衙门、锦衣卫等共发军民工匠10万人兴役。天顺七年（1463）三月十九日，陵寝工毕。其间断断续续共历28年的时间。清乾隆五十至五十二年（1785—1787），清廷曾对明陵进行一次较大规模的修缮。

2.陵主生平

（1）明宣宗朱瞻基

明宣宗朱瞻基（1399—1435），仁宗长子，明建文元年（1399）二月三日生于燕王府。明永乐九年（1411）十一月十日，立为皇太孙；明永乐二十二年

（1424）十月十一日，立为皇太子。明洪熙元年（1425）六月十二日即皇帝位。次年改元宣德。明宣德十年（1435）正月初三，逝于乾清宫，享年37岁。谥"宪天崇道英明神圣钦文昭武宽仁纯孝章皇帝"。六月二十一日葬景陵。

明宣宗之时，是明朝最富强的时期，称其时为"吏称其职，政得其平，纲纪修明，仓庾充羡"，史称"仁宣盛世"。可是，明宣宗实在当不起一个贤君的称号，他爱玩蟋蟀，放弃越南，停下西洋、闭关锁国，举办宫内教育、导致太监干政，可谓是遗患后史。

（2）孝恭章皇后孙氏及诸妃

景陵内埋葬的皇后是孝恭章皇后孙氏，她是邹平人，永城县主簿孙忠女。明宣宗即位，册封胡氏为皇后，孙氏为贵妃，二人都没有生儿育女。孙贵妃暗地里将其他宫女所生的孩子（即英宗）据为己有，伪称是自己所生，自此母以子贵。胡后辞位，贵妃孙氏被正式册立为皇后。明英宗即位后，孙氏被尊为皇太后。英宗在"土木之变"中被蒙古瓦剌部所俘，太后命郕王监国。景泰帝（郕王）·即位，尊孙氏为上圣皇太后。后来，英宗复辟，为孙氏上徽号"圣烈慈寿皇太后"。明天顺六年（1462）九月四日，孙太后去世，谥"孝恭懿宪慈仁庄烈齐天配圣章皇后"，合葬景陵。

明宣宗去世后，有十妃殉葬。按《明英宗实录》卷三记，分别是：惠妃何氏，赠为贵妃，谥端静；赵氏为贤妃，谥纯静；吴氏为惠妃，谥贞顺；焦氏为淑妃，谥庄静；曹氏为敬妃，谥庄顺；徐氏为顺妃，谥贞惠；袁氏为丽妃，谥恭定；诸氏为恭妃，谥贞静；李氏为充妃，谥恭顺；何氏为成妃，谥肃僖。

3. 陵宫建筑一览

景陵制度，一遵献陵俭制。其神道从长陵神道北五空桥南向东分出，长约1.5千米，途中建单空石桥一座。陵宫朝向为南偏西55°，占地约2.5万平方米。宝城因地势修成前方后圆的修长形状。

景陵前面的二进方院和后面的宝城连成一体。中轴线上依次修建祾恩门、祾恩殿、三座门、棂星门、石供案、方城、明楼等建筑。其中祾恩殿台基，仍是嘉靖年间改建后的遗物。从遗存的明代殿宇檐柱柱础石分布可以看出，该殿原制面阔五间（31.34米），进深三间（16.9米），后有抱厦一间（面阔8.1米，进深4.03米），前面的御路石雕二龙戏珠图案，比献陵一色云纹，显得更为精致壮观。明嘉靖十五年（1536），明世宗朱厚熜亲阅长、献、景三陵，见景陵规制狭小，遂加以修缮。据《帝陵图说》记载，修缮后的景陵祾恩殿，"殿中柱交龙，栋梁雕刻，藻井花鬘，金碧丹漆"。

（五）裕陵

1. 简介

位于天寿山西峰石门山南麓，是明朝第六位皇帝英宗朱祁镇和皇后钱氏、周氏的合葬陵寝。裕陵始建于明英宗去世后的明天顺八年（1464）二月二十九日，由当时两位技艺高超的匠师蒯祥和陆祥主持营建，参加营建的军民工匠共达八万余人。

陵园从营建到完成，仅用了近四个月的时间。天顺八年（1464）五月八日，奉英宗皇帝梓宫入葬；六月二十日，陵寝工程全部告竣。《明宪宗实录》记载

当时裕陵的规制为："金井宝山城池一座，照壁一座，明楼、花门楼各一座，俱三间，香殿一座五间，云龙五彩贴金朱红油石碑一，祭台一，烧纸炉二，神厨正房五，左右厢房六，宰牲亭一，墙门一，奉祀房三，门房三，神路五百三十八丈七尺，神宫监前堂五间、穿堂三间、后堂五间、左右厢房四座二十间、周围歇房并厨房八十六、门楼一、门房一、大小墙门二十五、小房八、井一、神马房马房二十、歇房九、马桩三十二、大小墙门六、白石桥三、砖石桥二、周围包砌河岸沟渠三百八十八丈二尺、栽培松树二千六百八十四株。"

2.陵主生平

（1）明英宗朱祁镇

明英宗朱祁镇（1427—1464），宣宗长子，明朝第六位皇帝。明宣德二年（1427）十一月十一日生，宣德三年（1428）二月六日立为皇太子，宣德十年（1435）正月十日即皇帝位，次年改元正统。

明英宗9岁即位，初大事权归皇太后张氏，以累朝元老杨士奇、杨荣、杨溥主持政务，政治还算清明。后来，三杨去位，宠信太监王振。宣德十四年，瓦剌入犯，英宗听从王振之言亲征，抵土木堡兵败被俘。朱祁钰被拥立为帝，改元景泰。明景泰元年（1450），英宗被释回京，被尊为太上皇，软禁于南宫。明景泰八年（1457），武清侯石亨等乘景帝病重发动兵变，迎英宗复位，改元天顺。废景泰帝为郕王，迁居西内，杀害抗击瓦剌有功的于谦，又用香木刻王振像，招魂以葬。从此，朝政日趋腐败。

明天顺八年（1464）正月十七日，英宗去世，谥"法天立道仁明诚敬昭文宪武至德广孝睿皇帝"。临终遗诏止殉，结束了宫人殉葬的残酷制度，被后世喻为德政。

（2）孝庄睿皇后钱氏

孝庄睿皇后钱氏，英宗元配，海州人，都指挥佥事（后封安昌伯）钱贵女。明正统七年（1442）立为皇后。明正统十四年（1449），英宗被瓦剌部所俘，为迎英宗回朝，她把自己宫中的全部资财输出，每天悲哀地呼天号地，祈求神灵保佑英宗。累了就就地而卧，以致伤残了一条腿。终日哭泣，又哭瞎了一只眼睛。

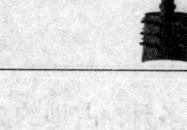

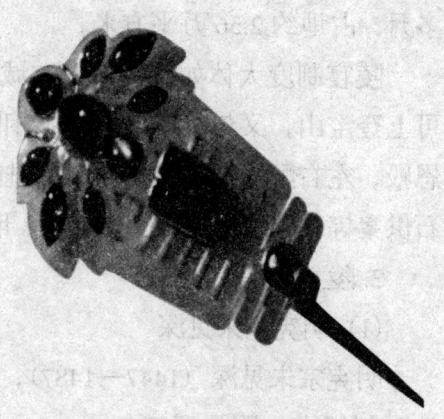

明英宗返回北京被囚禁于南宫。其间生活困难，钱皇后用手工针织补贴二人生活。明英宗复位之后，与钱皇后不离不弃，非常尊重感谢她。钱皇后未育有子嗣。英宗另有周贵妃，立周贵妃之子为太子（就是后来的明宪宗）。英宗死后怕钱皇后会被周贵妃欺负，特命钱皇后过世后"与朕同葬"。因为皇帝和皇后要葬一起，这就是说钱皇后不能被废。

明宪宗即位，尊钱皇后为皇太后，加"慈懿"徽号。明成化四年（1468）六月二十六日，钱皇后病故。谥"孝庄献穆弘惠显仁恭天钦圣睿皇后"。九月四日葬裕陵。

（3）孝肃后周氏

孝肃后周氏，宪宗生母，昌平州文宁里柳林村（今属北京市海淀区）人，锦衣卫千户追封庆云侯赠宁国公周能的女儿。明正统十二年（1447）生宪宗皇帝，天顺元年（1457）册封为贵妃。宪宗即位，尊为皇太后。明成化二十三年（1487）加尊号"圣慈仁寿"。孝宗即位后，尊为太皇太后。明弘治十七年（1504）三月一日去世，谥"孝肃贞顺康懿光烈辅天承圣太皇太后"。四月十八日葬裕陵。

（六）茂陵

1. 简介

明茂陵，位于天寿山麓聚宝山下，是明代第八位皇帝宪宗朱见深（年号成化）和皇后孝贞王氏、孝穆纪氏、孝惠邵氏的合葬陵墓。

茂陵的陵名定于明成化二十三年（1487）九月十五日。同日，嗣皇帝孝宗朱口樘下旨建陵。陵址由礼部右侍郎倪岳及钦天监监正李华等人卜定。内官监太监黄顺、御马监太监李良、太傅兼太子太师保国公朱永、工部左侍郎陈政奉命提督军士工匠营造。九月十九日，山陵启土动工，所役京营军将达4万之众。十二月十七日，葬宪宗及孝穆太后。明弘治元年（1488）四月竣工，历时七个多月，占地约 2.56 万平方米。

陵寝制度大体如裕陵，但宝城内琉璃照壁后面设有左右两个方向的踏跺，可上登宝山，又与其他各陵均不相同。第一进院落以裬恩门为陵门，院内建裬恩殿、左右配殿及神帛炉。第二进院落以三座琉璃花门为前门，内建棂星门及石供案等。方院之后为圆形宝城、明楼及墓冢。

2.陵主生平

(1) 明宪宗朱见深

明宪宗朱见深 (1447—1487)，明英宗长子，初名朱见浚。土木之变，英宗被瓦剌掳去。明景泰三年 (1452) 明代宗即位后，被废为沂王，明天顺元年 (1457) 英宗复辟，又被立为皇太子，改名朱见深。宪宗于明天顺八年 (1464) 登基，初年为于谦平冤昭雪，恢复景帝帝号，又能体谅民情，励精图治，政局基本上比较平稳，清朝人修《明史》，说他"恢恢然有人君之度"。在位末年，失政之处颇多，好方术，终日沉溺于后宫，与比他大 19 岁的宫女万贵妃享乐，并宠信宦官汪直、梁芳等人，倡行皇庄、传奉官、西厂，以至奸佞当权，西厂横恣，朝政日趋腐败。1465 年改元成化，明成化二十三年 (1487 年)，万贵妃去世，八月，宪宗过于悲痛而驾崩，时年 41 岁，谥"继天凝道诚明仁敬崇文肃武宏德圣孝纯皇帝"。

(2) 孝贞皇后王氏

孝贞皇后王氏，上元人，中军都督追赠国公王镇之女，明天顺八年 (1464 年) 十月因吴后被废而被立为皇后，孝宗时，她被尊为皇太后，武宗时尊为太皇太后，明正德十三年 (1518) 二月去世，谥"孝贞庄懿恭靖仁慈钦天辅圣纯皇后"，六月合葬茂陵。

(3) 孝穆后纪氏

孝穆后纪氏，孝宗生母，广西贺县人。成化时南征，被俘入宫，后因机警通文被授为女史管理皇家典籍，一次被宪宗私幸后怀孕，生下孝宗，六年后突然去世，谥为"恭恪庄僖淑妃"葬京西金山。孝宗即位后尊为皇太后，追谥为"孝穆慈慧恭恪庄僖崇天承圣皇太后"，迁葬茂陵。

（4）孝惠后邵氏

孝惠后邵氏，昌化人，邵林之女。初为宸妃，后进贵妃，生有兴献王朱祐杬（世宗之父）及岐、雍二王。世宗入继大统后，将她尊为皇太后。明嘉靖元年（1522年）上尊号"寿安"，十一月十八日去世，谥"孝惠康肃温仁懿顺协天佑圣皇太后"。次年二月葬茂陵。

3. 相关历史典故

（1）明宪宗口吃

据说，明宪宗说话有严重的口吃，明人陆容《菽园杂记》记载说，宪宗每次上朝，如果准许大臣所奏之事，只说一个"是"字，以免出丑。因此影响了与大臣面对面地交流，也使他不愿意上朝理政。这样，很多事情需要通过身边宠幸的人传达旨意，也使他们有了干预朝政的可能。总而言之，明宪宗时期朝政的混乱，多半是因为宪宗对贵妃万氏、宦官汪直和梁芳的宠信所致。

（2）一帝三后

茂陵为什么会葬有三位皇后呢？第一位皇后王氏，是明宪宗在位时的正宫皇后，祔葬茂陵应无异议，第二位纪氏，由于是孝宗朱祐樘的生母，母以子贵也应该祔葬茂陵。

邵氏之尊为皇后，在明史上有些奇特。众所周知，明宪宗皇帝的太子即孝宗只有一个儿子，因此孝宗死后，这个儿子顺理成章地继承了皇位，他就是历史上著名的明武宗朱厚照，武宗一生无子，又没有兄弟，因此武宗死后，按辈分排序，应该由孝宗的弟弟的儿子即位，这样朱厚熜就从藩王一下子变成了一国之君，年号嘉靖。而邵氏是嘉靖皇帝的亲祖母，嘉靖皇帝即位后，力排众议，将邵氏以皇后礼葬入了茂陵，就这样，茂陵地宫内就有了三位祔葬的皇后。

（七）泰陵

1. 简介

明泰陵，位于笔架山东南麓，这里又称"施家台"或"史家山"，是明朝第九帝孝宗敬皇帝朱祐樘（年号弘治）及皇后张氏的合葬陵寝。

泰陵陵宫建于明弘治十八年（1505）六月五日，定陵名为泰陵，由太监李兴、新宁伯谭祐、工部左侍郎李鐩提督工程，五军都督府及三大营官军上万人供役，历时四月，玄宫落成，于该年十月十九日午刻将孝宗葬入陵内。明正德元年（1506）三月二十二日陵园地面建筑也全部告成，整个陵寝用时 10 个月，占地约 2.6 万平方米。据《明武宗实录》记载，全陵包括"金井宝山城、明楼、琉璃照壁各一所，圣号石碑一通，罗城周围为丈一百四十有二，一字门三座，香殿一座为室五，左右厢、纸炉各两座，宫门一座为室三，神厨、奉祀房、火房各一所，桥五座，神宫监、神马房、果园各一所"。

泰陵陵宫建筑基本仿茂陵建造，平面布局亦呈前方后圆形状。第一进院落以祾恩门为陵门，院内建祾恩殿、左右配殿及神帛炉。第二进院落以三座琉璃花门为前门，内建棂星门及石供案等。方院之后为圆形宝城、明楼及墓冢。

2. 陵主生平

(1) 明孝宗朱祐樘

明孝宗朱祐樘（1470—1505），宪宗第三子，明成化六年（1470）七月三日生，明成化十一年十一月八日立为皇太子。成化二十三年九月六日即皇帝位，次年改元弘治。在位期间，勤于政事，励精图治，抑宦官及佞幸之人，任用王恕、刘大夏等为人正直的贤臣，削弱了太监乱政的现象，并采取一些发展经济、挽救危机的治国措施，缓和了社会矛盾，使明朝再度中兴盛世，史称"弘治中兴"。明弘治十八年（1505）五月七日逝于乾清宫，谥"达天明道纯诚中正圣文神武至仁大德敬皇帝"。十月十九日葬泰陵。在位 18 年，享年 36 岁。

(2) 孝康敬皇后张氏

孝康皇后张氏，明孝宗原配，兴济人，都督同知封寿宁伯张峦之女。明成化二十三年（1487）选为太子妃。明孝宗即位，册立为皇后。武宗即位，尊为皇太后。明嘉靖二十年（1541）八月八日去世，谥"孝康端肃庄慈哲懿翊天赞圣敬皇后"，十月九日祔葬泰陵。

（八）康陵

1. 简介

明康陵，位于金岭（又名莲花山或八宝莲花山）东麓，是明朝第十帝武宗毅皇帝朱厚照（年号正德）和皇后夏氏的合葬陵寝。该陵建于明正德十六年（1521），明嘉靖元年（1522）六月，陵园建成，占地2.7万平方米。总体布局沿袭前制，呈前方后圆形状。明末，康陵曾遭到烧毁，在清朝乾隆年间，曾被整修。

2. 陵主生平

（1）明武宗朱厚照

明武宗朱厚照（1491—1521），孝宗长子，明弘治四年（1491）九月二十四日生，弘治五年（1492）三月八日立为皇太子。弘治十八年（1505）五月十八日即皇帝位，次年改元正德。明武宗是明代最昏庸荒淫的皇帝。武宗一生，贪杯、好色、尚兵、无赖，极具个性色彩，所行之事多荒谬不经，为世人所诟病。初期宠信太监刘瑾，使司礼监之权渐重于内阁。后宠信佞臣江彬等人，皆赐其朱姓；喜好声色，建豹房以享乐；狂放不羁，喜弄兵，自称威武大将军朱寿；数至宣府（今河北宣化）、塞北、江南等地巡游，致民间怨声载道。因过度荒淫，无子嗣。后溺水得病而亡，享年31岁，庙号"武宗"，谥号"承天达道英肃睿哲昭德显功弘文思孝毅皇帝"。

（2）孝静皇后夏氏

皇后夏氏，武宗原配，庆阳伯夏儒之女。明正德元年（1506）册立为皇后。明嘉靖十四年（1535）正月二十五日去世，合葬康陵，谥"孝静庄惠安肃温诚顺天偕圣毅皇后"。

3. 陵宫建筑一览

陵寝建筑由神道、陵宫及陵宫外附属建筑三部分组成。神道上建五空桥、三空桥各一座，近陵处建神功圣德碑亭一座，亭内树碑，无字。陵宫建筑总体布局呈前方后圆形状，前面有两进院落，第一进院落，以祾恩门为陵门，单檐歇山顶，面阔三间。院内建祾恩殿及左、右配殿，各五间。神帛炉两座。

第二进院落，前设三座门，内建两柱牌楼门及石供案，案上摆放石质香炉一，烛台、花瓶各二。方院之后为圆形宝城，在宝城入口处建有方形城台，城台之上建重檐歇山式明楼，形制一如明泰陵，方城比较矮小。楼内树圣号碑，上刻"大明""武宗毅皇帝之陵"。明楼后宝城内从排水沟里侧开始向中心部位起冢，冢形呈自然隆起状。冢前及稍前两侧分别砌有高不及胸的冢墙，墙前正对宝城瓮道处建琉璃照壁一座。陵宫外还有一些附属建筑，如宰牲亭、神厨、神库、祠祭署、神宫监等。

（九）永陵

1. 简介

明永陵位于阳翠岭南麓，是明朝第十一帝世宗肃皇帝朱厚熜（年号嘉靖）及陈氏、方氏、杜氏三位皇后的合葬陵寝。

永陵的营建在世宗皇帝登基后的第十五年，系其在位时营建的"寿宫"。但其卜选陵址却是在明嘉靖七年（1528）皇后陈氏去世之时，大约经过7—11年的经营，永陵营建大体告成。

与前七陵相较，永陵规模宏大。据《大明会典》载，永陵宝城直径为81丈，祾恩殿为重檐七间，左右配殿各九间，其规制仅次于长陵，而超过献、景、裕、茂、泰、康六陵制度。其祾恩门面阔五间则与长陵相等，其后仅定陵与之同制。另外，永陵的方院和宝城之外，还有一道前七陵都没有的外罗城，其制"壮大，甃石之缜密精工，长陵规画之心思不及也"。外罗城之内，左列神厨，右列神库各五间，还仿照深宫永巷之制，建有东西长街。

永陵的砖石结构的明楼，造型新颖的圣号碑，别具一格的宝城城台设计，以及宝城墙花斑石垒砌的城垛，祾恩殿、祾恩门"龙凤戏珠"图案的御路石雕也都是以前各陵没有的，这些做法后来为定陵所效法。目前，明代门、殿的柱础石保留不多，但可以看出其体量明显大于改建后的柱础石。其中，祾恩殿现存明代重檐金柱柱础石鼓镜部分直径达1.2米，仅比长陵的少2厘米。

可以想象明朝时永陵祾恩殿的楠木柱也是十分粗壮的。

2. 陵主生平

(1) 明世宗朱厚熜

明世宗朱厚熜（1507—1566），正德二年八月十日生于兴王府，正德十六年（1521）四月二十二日即皇帝位，次年改元嘉靖。嘉靖皇帝御极之后，面对"正德危权"，励志效法太祖、成祖推行新政，做一位后世称颂的明主圣君。他大赦天下，抑制宦官，整顿朝纲；减轻租银，整顿赋役，赈济灾荒；勘查皇庄和勋戚庄园，还地于民，鼓励耕织；征剿倭寇，清除外患，整顿边防。但与此同时，他日渐腐朽，一意玄修，崇奉道教，无心理政，特别是后来严嵩专权，朝纲日非。明嘉靖四十五年（1566）十二月十四日逝于乾清宫，享年60岁，谥"钦天履道英毅圣神宣文广武洪仁大孝肃皇帝"。

(2) 孝洁肃皇后陈氏

孝洁肃皇后陈氏，世宗元配，元城（隶河北大名府）人，都督同知陈万言女。明嘉靖七年（1528）十月二日病故。世宗下令丧礼降等，谥"悼灵"，葬天寿山袄儿峪。嘉靖十五年（1536），改谥为"孝洁"。穆宗登基后，上尊谥"孝洁恭懿慈睿安庄相天翊圣肃皇后"，迁葬永陵。

(3) 孝烈皇后方氏

孝烈皇后方氏，世宗第三后，江宁人，左都督安平侯方锐女。明嘉靖十年（1531），封为嫔。后来，世宗的第二位皇后张氏被废。方氏因"端慎不怠，甚称帝意"，被册立为皇后。嘉靖二十六年（1549）逝世，世宗因她在嘉靖二十一年（1544）的"宫婢之变"中救过自己的命，下令以元配皇后礼仪葬永陵，谥孝烈皇后。隆庆初，上尊谥"孝烈端顺敏惠恭诚祇天卫圣皇后"。

(4) 孝恪后杜氏

孝恪后杜氏，穆宗生母，大兴人，庆都伯杜林女。明嘉靖十年（1531）封康嫔，明嘉靖十五年（1536）进封为妃。明嘉靖三十三年（1554）正月十一日去世，赐谥"荣淑"，葬金山。穆宗即位，上尊谥"孝恪渊纯慈懿恭顺赞天开圣皇太后"，迁葬永陵。

（十）昭陵

1. 简介

昭陵是明朝第十二帝穆宗庄皇帝朱载坖（年号隆庆）及其三个皇后的合葬墓。昭陵的建筑有其独特的地方，是明十三陵中地面建筑最完整，且最具代表性的陵寝建筑。

昭陵陵园建筑面积为 35000 平方米，松柏参天，殿宇辉煌，气势恢弘。现存有完整的祾恩门、祾恩殿及其东西配殿，和方城、明楼、宝顶等。昭陵神道的设置，从长陵神道七空桥北向西分出，长约 2 千米。途中建有五空、单空石桥各一座。近陵处建碑亭一座，亭后建并列单空石桥三座。陵宫建筑，朝向为南偏东 38°，占地约 3.46 万平方米。其总体布局亦呈前方后圆之形，宝城前设两进院落，方城下甬道作直通前后的方式，以及祾恩殿、配殿为五间，祾恩门为三间的规制均如泰、康诸陵制度。

2. 陵主生平

（1）明穆宗朱载坖

明穆宗朱载坖（1537—1572 年），明世宗第三子，嘉靖十六年（1537）正月生于皇宫，十八年（1539）二月封裕王，四十五年（1568）十二月继皇帝位，次年改元"隆庆"。穆宗即位之初，颇有节俭之行。在朝政的处理上，穆宗初登政坛，也不乏振兴之举，但登基 6 个月便不愿过问政务。穆宗虽不关心政务，但对于大臣们的建议与做法也不反对，例如历史上著名的"隆庆议和"，就是在大臣们的支持下促成的。隆庆六年（1574）五月二十六日于乾清宫病故，享年 36 岁，谥"契天隆道渊懿宽仁显文光武纯德弘孝庄皇帝"，庙号穆宗。

（2）孝懿庄皇后李氏

孝懿庄皇后李氏，北京昌平人，锦衣卫百户李铭之女。明嘉靖三十一年（1552），被选为裕王（即穆宗）妃。明嘉靖三十七年（1558）四月十三日，病故于裕王府。世宗皇帝为其亲定丧仪规制。同年七月葬于京西金山丰裕口。穆宗即位后，于明隆庆元年（1567）二月追谥为孝懿

皇后。隆庆六年（1572）七月，神宗
又上尊谥为"孝懿贞惠顺哲恭仁俪天
襄圣庄皇后"，迁葬昭陵。

（3）孝安皇后陈氏

孝安皇后陈氏，北京通州人，国
子监监生陈景行之女。明嘉靖三十七
年（1558）九月选为裕王继妃，明隆庆元年（1567）册立为皇后。神宗即位，
尊陈皇后为"仁圣皇太后"，居慈庆宫。明万历六年（1578）加尊号"贞懿"，
十年加"康静"。万历二十四年（1596）七月十三日病故。神宗上尊谥为"孝安
贞懿恭纯温惠佐天弘圣皇后"，葬昭陵。

（4）孝定后李氏

孝定后李氏，通州永乐店人，神宗生母，初为宫嫔，待穆宗于裕王府中，
隆庆元年（1567）三月封皇贵妃，万历元年（1573）被神宗尊为"慈圣皇太
后"，万历四十二年二月九日病故，谥"孝定贞纯钦仁端肃弼天圣皇太后"，享
年70岁，葬昭陵。

（十一）定陵

1. 简介

明定陵是明代第十三帝神宗显皇帝朱翊钧（年号万历）及其两个皇后的陵
墓。该陵坐落在大峪山下，位于长陵西南方，建于万历十二年至万历十八年
（1584—1590）。主要建筑有祾恩门、祾恩殿、宝城、明楼和地下宫殿等，占地
18.2万平方米，是十三陵中唯一一座被发掘了的陵墓，地宫可供游人参观。

2. 陵主生平

（1）明神宗朱翊钧

明神宗朱翊钧（1563—1620），明穆宗朱载垕的第三子。嘉靖四十二年
（156 年）八月十七日生，隆庆二年（1568）三月十一日立为皇太子，隆庆六年
（1572）六月十日即位，次年改元万历。明万历四十八年（1620）七月二十一日
驾崩，享年58岁。九月上尊谥为"范天合道哲肃敦简光文章武安仁止孝显皇
帝"，十月三日葬定陵，庙号"神宗"。神宗是明朝享国最久的帝王，也是典型

的荒淫怠惰的君主。

（2）孝端显皇后王氏

神宗元配，浙江余姚人，永年伯王伟之女，生于京师。明万历六年（1578）二月册立为皇后。王皇后万历四十八年四月病故，谥孝端。光宗即位后，上尊谥为"孝端贞恪庄惠仁明媲天毓圣显皇后"。

（3）孝靖皇后王氏

光宗生母。宣府都司左卫人，原任锦衣卫百户王朝宷之女。初为宫人，后被神宗私幸有孕册封为恭妃，生光宗朱常洛。万历三十四年（1606）四月进封为皇贵妃，万历三十九年（1611）九月病故，上谥"温肃端靖纯懿皇贵妃"。熹宗即位后，尊谥为"孝靖温懿敬让贞慈参天胤圣皇太后"，迁葬定陵。

3.陵宫建筑一览

明定陵地面建筑的总布局，呈前方后圆形，含有中国古代哲学观念"天圆地方"的象征意义。其外围是一道将宝城、宝城前方院一包在内的"外罗城"，城内面积约18万平方米。外罗城仅前部正当中轴线位置设宫门一座，即陵寝第一道门。

外罗城内，偏后部位为宝城。宝城之前，在外罗城内设有三进方形的院落。

第一进院落，前设单檐歇山顶式陵门一座，制如外罗城门，为陵寝第二道门，又称重门。其左右各设有随墙式掖门一道。院落之内无建筑设施，院落之前（外罗城之内）左侧建有神厨三间，右侧建有神库三间。

第二进院落，前墙之间设祾恩门。其制面阔五间（通阔26.47米），进深二间（通深11.46米），下承一层须弥座式台基。台基之上龙凤望柱头式的石栏杆及大小螭首设置齐备。前后还各设有三出踏跺式台阶。

第三进院落，前墙间建有陵园最主要的殿宇——祾恩殿。其形制为重檐顶，面阔七间（通阔50.6米），进深五间（通深28.1米），下承须弥座式台基一层，围栏雕饰同祾恩门。台基前部出有月台。月台前设三出踏跺式台阶，左右各设一出。殿有后门，故台基的后面亦设踏跺式台阶一出。其中，后面一出踏跺及月台前中间一出踏跺设有御路石雕，刻龙凤戏珠（左升龙，右降凤）及海水江牙图案。棱恩殿左右各设随墙式掖门一座。

富丽堂皇的定陵地下宫殿距地面 27 米，总面积为 1195 平方米，5 个高大宽敞的殿堂全部是石结构，拱券式顶，没有一根梁柱。放置明神宗皇帝和两位皇后的棺椁的后殿，高 9.5 米，长 30.1 米，宽 9.1 米，是最大的一个殿堂。在这里发掘出了 3000 多件随葬品，其中有金冠、金壶、金爵、凤冠等极其珍贵的文物。金冠是用金丝编制成的，冠顶盘有一对金龙。凤冠上镶有宝石 100 多块，珍珠 5000 多颗。游人们可以在定陵博物馆内看到这些珍宝。

由于宝城的隧道门设于宝城墙的右前方，帝后棺椁在享殿（棱恩殿）内举行"安神礼"后，必须途经外罗城才能进入宝城的隧道门入葬玄宫，同时考虑到建筑设计的对称性，在第三进院落左右两墙又对称地设有随墙式掖门各一座。

此外，定陵外罗城之前，左侧还建有宰牲亭、祠祭署，右侧建有神宫监、神马房等附属建筑。定陵卫的营房则建于昌平城内。其中，定陵祠祭署的建筑布局是，中为公座（办公用的正厅），后为官舍，前为门。神宫监有重门厅室，房屋多至 300 余间。

（十二）庆陵

1. 简介

明庆陵，位于北京昌平天寿山陵内黄山寺二岭南麓，是明朝第十四帝光宗贞皇帝朱常洛（年号泰昌）和皇后郭氏、王氏、刘氏的合葬陵寝。

庆陵的地下玄宫自天启元年（1621）三月定穴营建，七月二十九日合龙门，历时四个月，工程质量精细，除玄宫全部用石料外，其"后、中、前殿"，有"重门相隔"。到天启六年（1626）地面建筑完工，共用时六年，占地约 2.76 万平方米。

其陵园建筑由神道、陵宫及陵宫外附属建筑三部分组成。前面有两进方院，彼此不相连接，在两进院落之间有神道相连，并于第一进院落后建单空石桥三座。第一进院落，以祾恩门为陵门，内建祾恩殿及左右配殿。第二进院落，前设三座门，内建两柱牌楼门及石供案，案上摆放石质香炉一，烛台、花瓶各二。方院之后为圆形宝城，在宝城入口处建有方形城台，城台之上建明楼，楼内树碑，上刻"大明""光宗贞皇帝之陵"。明楼后为宝顶，底部直径约28米。陵宫外还有一些附属建筑，如宰牲亭、神厨、神库、祠祭署等。

2. 陵主生平

(1) 明光宗朱常洛

明光宗朱常洛（1582—1620），神宗长子，万历十年(1582)八月十一日生，二十九年（1601）十月十五日立为皇太子，四十八年（1620）八月初一即皇帝位。逝于乾清宫，谥"崇天契道英睿恭纯宪文景武渊仁懿孝贞皇帝"。天启元年（1621）九月四日葬庆陵。光宗是明代传奇色彩最浓的一位皇帝，明宫三大疑案都与他有关。光宗即位后，恣意淫乐，不久患病，服了鸿胪寺丞李可灼给的红丸后，于次日死去，史称"红丸案"。光宗在位仅29天，是明代享国最短的一个皇帝。

(2) 皇后郭氏、王氏、刘氏

郭氏，顺天府人，博平伯郭维城之女。万历二十九年（1601）册立为皇太子妃，四十一年去世。停尸宫中两年后在天寿山泰陵园后长岭之前建坟葬之。熹宗即位，尊谥"孝元昭懿哲惠庄仁合天弼圣贞皇后"，迁葬庆陵。

王氏，熹宗生母，顺天府人，新城伯王钺之女。初为选侍，因生熹宗，封为才人。万历四十七年（1619）去世。熹宗即位，尊谥"孝和恭献温穆徽慈谐天鞠圣皇太后"，祔葬庆陵。

刘氏，崇祯帝生母，宛平人，瀛国公刘应元之女。初为淑女，后被打入冷宫，病逝后葬京西金山。光宗即位后，尊谥"孝纯恭懿淑穆庄静毗天毓圣皇太后"，迁葬庆陵。

3. 相关历史典故

庆陵原为明代宗景泰帝朱祁钰为自己修建的陵墓。英宗经"夺门之变"后，废朱祁钰为王，同时将景泰帝在天寿山已经开始施工的陵寝废弃，把景泰帝按亲王的规格葬在了北京西山，未入十三陵。一百多年后，在这块陵寝的遗址上修建了庆陵。当时由于光宗死得突然，加之国力空虚，明光宗的父亲明神宗尚未下葬，更无暇来为自己建陵。于是，建陵的时候也来不及选吉壤、卜寿陵，只得采用了景泰帝的寿陵陵址，加以重新改建，即今天的庆陵。

（十三）德陵

1. 简介

明德陵位于潭峪岭西麓，是明朝第十五帝熹宗皇帝朱由校（年号天启）和皇后张氏的合葬陵寝。

德陵陵宫建筑总体布局呈前方后圆形状，基本仿庆陵，但两进院落连成一体。第一进院落以祾恩门为门，院内建有祾恩殿及左、右配殿和神帛炉。第二进院落，前设三座门，内建棂星门及石供案。后为圆形宝城，建有方城、明楼。哑巴院内有随墙式琉璃照壁。陵宫外还建有宰牲亭、神厨、神库等附属建筑。

德陵圣号碑碑趺所饰图案独特，与其他陵不同。其他各陵圣号碑碑趺一般以云龙图案为主，而德陵明楼内圣号碑碑趺则上枋雕饰二龙戏珠，下枋雕饰"螺、轮、伞、盖、花、罐、鱼、长"及杂宝等佛、道两家吉祥宝物。

2. 陵主生平

（1）明熹宗朱由校

明熹宗朱由校（1605—1627），光宗长子，万历三十三年（1605）十一月十四日生。泰昌元年（1620）九月六日即皇帝位，次年改元天启。熹宗最擅长的是木工器作，文献记载，熹宗"性至巧，多艺能，尤喜营造"。熹宗最宠信的是乳母客氏和司礼监秉笔太监魏忠贤，以致魏党势倾朝野，朝政黑暗。天启七年（1627）八月二十二日去世。崇祯元年（1628）三月八日葬德陵。

（2）懿安皇后张氏

熹宗元配，河南祥符人，太康伯张国纪之女。天启元年（1621）四月被册立为皇后。崇祯十七年（1644）李自成农民军入京时自缢。顺治元年（1644），清王朝将她葬入德陵。

（十四）思陵

1. 简介

明思陵，位于陵区西南隅的鹿马山（又名锦屏山或锦壁山）南麓，是明朝最后一帝朱由检（年号崇祯）及皇后周氏、皇贵妃田氏的合葬陵墓。

清朝入主中原后，为收买人心，笼络汉族地主阶级为清廷效力，将这座葬有崇祯帝后的妃子坟命名为"思陵"，并在改葬崇祯帝后，营建了地上园寝建筑，时在顺治元年（1644）五月。

明思陵，虽然没有金碧辉煌的殿宇楼台，但古陵残碑，松涛阵阵，仍别有一番意境。特别是残存下来的石雕艺术品，构思奇妙，雕工精细。石五供，分为前后两套。前一套，是五个相互独立的供器，正中为香炉，雕为四足两耳的方鼎形，上面浮雕饕餮纹。左右为烛台，台腹四面雕刻人物故事；两边是花瓶，瓶腹、瓶项略呈圆形，亦浮雕饕餮纹。五供器各施以石座，与明代其他各陵共用一祭台不同。后面的一套，祭案的案端作翘头式，案面浮雕绳纹，下作闷户橱形状，四腿因项部内收而随势弯曲，足部外翻，还保留着明式家具线脚优美、雄浑大方的特色。案上放有石雕供果五盘，一盘为橘，一盘为柿，一盘为石榴，另外两盘分别为寿桃和佛手，形象十分逼真。碑石雕刻也别有风趣。碑首作"四螭下垂"式，碑身左右雕升龙，碑座前雕五龙，后雕五麒麟，左右雕母狮背负小狮图案，母狮前还有小狮或作戏球状，或伏于母狮身下作哺乳状，形态极为生动。

明楼内的圣号碑碑阳篆额"大明""庄烈愍皇帝之陵"。前面神道碑，下刻清顺治年间大学士金之俊奉敕撰写的碑文，碑文全系楷书，残坏极少。

2. 陵主生平

（1）崇祯皇帝朱由检

崇祯皇帝朱由检（1610—1644），光宗第五子，万历三十八年（1610）十二月二十四日生，

150

天启二年（1622）九月二十二日封信王，七年（1627）八月二十四日即皇位于中极殿，次年改元崇祯。崇祯皇帝是个比较注意恭俭和颇为勤政的皇帝。他痛扫阉患，剪除魏忠贤及其羽翼，批阅章奏，议论时政常至深夜，但崇祯帝为扭转危局过于急躁，又心胸狭窄，喜奉迎，多猜疑，最终使他励精图治，中兴明室的愿望彻底破灭。崇祯十七年（1644）三月十九日自缢身亡。同年四月四日入葬。南明弘光政权（福王），为他定庙号为"思宗"，谥"烈皇帝"，清改谥为"庄烈愍皇帝"。

（2）庄烈愍皇后周氏

皇后周氏，崇祯帝元配，大兴县人，嘉定伯周奎女。明万历三十七年（1609）三月二十八日子时生。明天启七年（1627）二月初三日卯时迎娶，册立为信王妃。崇祯帝即位，册立为皇后。南明弘光朝曾为她上尊谥为"孝节烈皇后"，清朝入定中原后。为她上谥号为"大明孝敬贞烈慈惠庄敏承元配圣端皇后"，顺治十六年（1659）十一月改谥为"庄烈愍皇后"。

（3）皇贵妃田氏

皇贵妃田氏，陕西人，左都督田弘遇女。明崇祯元年（1628）封礼妃，进皇贵妃。田氏"生而纤妍，性寡言，多才艺"，尤善抚琴，生皇子五人。明崇祯十五年（1642）七月去世，谥"恭淑端惠静怀皇贵妃"，明崇祯十七年（1644）正月二十三日葬入坟园内。

3. 相关历史典故

（1）攒宫

思陵，虽为崇祯皇帝的陵名，但清初，明朝遗老称其为"攒宫"。如顾炎武在《昌平山水记》中就直称思陵为"攒宫"，并加以解释说："昔宋之南渡，会稽诸陵皆曰攒宫，实陵而名不以陵。《春秋》之法，'君弑，贼不讨不书葬'，实葬而名未葬。今之言陵者，名也。未葬者，实也。实未葬而名葬，臣子之义所不敢出也。"《帝陵图说》亦云："烈皇帝殡于田妃墓，国耻未雪，不谓之攒宫不可也！以陵称不可也！以思称尤不可也！"显然，他们是站在明王朝的立场上，认为明朝的国耻未雪、君父之仇未报，因此，崇祯帝虽葬于田妃墓中，却不能称"葬"，思陵也不能称"陵"。他们拒不接受清朝为崇祯帝墓所定的陵名，反映了对明朝的怀念。

（2）太监墓

在崇祯皇帝的思陵旁，有一座太监墓，曾令考古学家一头雾水。按照明代礼制，太监根本没有资格入葬皇帝陵区。后来发现太监墓的墓主人为司礼监秉笔太监王承恩，他在李自成率军攻进北京后与崇祯一起在煤山（景山）自缢身亡。清朝取代明朝后，康熙皇帝为表彰他"殉难从死"的忠君行为，将其葬于思陵旁。

成吉思汗陵

当人们提到蒙古草原的时候，就会不由得想起一个伟大的名字，他就是被毛泽东称为"一代天骄"的成吉思汗。成吉思汗是中国古代少数民族历史上杰出的政治家、军事家。他曾率领蒙古铁骑横扫欧亚大陆，威震世界。他的丰功伟业和富有传奇色彩的一生给后人留下了无尽的遐想和永远也猜不透的谜。

一、成吉思汗的一生

（一）成长壮大

　　成吉思汗出生于蒙古大草原斡难河畔的蒙古毡帐中，其出身充满了传奇色彩。据说，成吉思汗刚出母胎时，右手就紧握一个血块，头上还有神光。当时成吉思汗的父亲即泰亦赤兀惕部落的首领也速该刚从塔塔儿部的战斗中胜利归来。见到自己的儿子非同一般，异常高兴。因为在这次战斗中，也速该俘获了塔塔儿部一个叫铁木真兀格的首领。为了纪念这一战功，也速该按照传统习惯给他的新生儿取名铁木真。

　　12世纪初，蒙古大草原上散居着众多的蒙古族部落，为了争夺全蒙古的最高统治权，各大部落间争战不休，草原上弥漫着血腥和仇恨。在冤冤相报的仇杀中，也速该一家未能幸免于难。大约在1170年，也速该被仇家塔塔儿人毒死，留下了妻子诃额仑和六个年幼的孩子，当时铁木真的年龄最长，也只有9岁。由于失去了也速该的保护，铁木真一家经常受到排挤。最终，心狠的泰亦兀惕部族人还是抛弃了他们。诃额仑一家被迫在斡难河畔流浪，从此，铁木真开始了艰苦的童年生活。

　　蒙古草原的生存条件非常恶劣，一个寡妇带着七个年幼的孩子，生活的艰苦程度可想而知。为了使孩子们不至于饿死，诃额仑像原始人一样到处摘野果、挖野菜。她肩负着蒙古男人和女人的双重责任，她的身影奔波于斡难河流域的

草原和大山之间，这位伟大母亲钢铁般的意志使这些孩子奇迹般地安全存活下来，并一天天长大。这种结果完全出于泰亦兀惕人的意料之外。为了防止也速该的孩子长大后报仇雪恨，他们决定斩草除根。于是他们开始了险恶的谋杀行动，在这次追杀中，铁木真没能逃脱，不幸成了泰亦兀惕人的俘虏。可能出于对当年也速该的敬畏，他们没有立即处死铁木真，而是给铁木真戴上木枷，

由几个蒙古士兵轮流看管。

在一个闷热夏天的傍晚，泰亦兀惕人在斡难河畔举行盛宴，看管铁木真的只有一个身体瘦弱的年轻士兵。机敏的铁木真想出了一个逃跑的方案。午夜时分，喝得醉醺醺的泰亦兀惕人沉沉地睡着了。机会来了，铁木真乘那个看守的年轻人转过身的一刹那，双手捧起大木枷，准确地将其击倒在地，拔腿就往外跑。泰亦兀惕人知道铁木真逃跑后，立刻集合队伍分头进行搜索。在铁木真走投无路的时候，一个叫锁儿罕的泰亦兀惕牧民冒着生命危险，将铁木真藏在了自己家的羊毛车里，才使铁木真脱离了危险。

前文已经说过，铁木真是家中的长子，很小的时候就开始肩负起家庭的重担，从小就表现出勇敢机敏的领导才能。一天，铁木真不在家的时候，家里仅有的八匹良马被草原上的盗贼抢走了，马是草原民族的生命，马的被抢对铁木真一家来说无疑是灭顶之灾。少年铁木真毅然决定将马追回来，他骑上家里剩下的唯一一匹劣马向盗马贼的去向奔去。铁木真跑了两天两夜，直到第三天傍晚才找到被盗的八匹马。经过一番波折，铁木真最终将这八匹马夺了回来，当一家人看见铁木真带着八匹马安全返回的时候，不由得热泪盈眶。正是草原这种近乎残酷的生存环境，把铁木真磨炼成一个钢铁般的人。以后的事实告诉我们，这种不同寻常的生活经历成了铁木真今后统一蒙古、征服世界的宝贵财富。

转眼间，铁木真已经18岁了，按照蒙古人的习俗，已经到了谈婚论嫁的年龄了。铁木真9岁时候就和吉剌部德薛禅的女儿孛儿帖订了婚约。9年后，铁木真来到了吉剌部德薛禅家，德薛禅看到铁木真高大魁梧、英俊潇洒，就放心地将女儿嫁给了他。

铁木真和美丽的妻子孛儿帖生活得幸福而又甜蜜，但好景不长，一天清晨，仇敌篾儿乞部人三百名精锐骑兵在其首领脱里脱的带领下发动了突然袭击，包围了铁木真的营帐。孛儿帖被篾儿乞部人掠回了大营，铁木真侥幸逃了出来，悲愤交加的铁木真对天发誓要消灭篾儿乞部。但他知道以他现在的力量根本无法夺回自己亲爱的妻子，他想到联合他的安答札木合和义父王罕的部落。

铁木真11岁时就与他一起玩耍的札木合结为"安答"。按照蒙古人习俗结为安答即成为义兄弟，是生死之交。此时铁木真有难，札木合义不容辞。王罕是克烈部的首领，这个部落是当时蒙古草原上最大的部落。王罕与铁木真的父亲也速该非常要好，也曾结为安答。铁木真结婚后曾送给王罕一件珍贵的黑貂皮袍，王罕非常高兴，收铁木真为义子。这次铁木真有求于王罕，王罕爽快地答应了，并许诺帮他复兴也速该当年的部落王国。

1182年，铁木真与王罕、札木合联合出动四万骑兵，对居住在鄂尔浑河、色楞格河下游一带的篾儿乞部发动大规模进攻。这支联军由札木合统一指挥，王罕的两万骑兵作为右路，札木合的札答兰部骑兵作左路。晚上四万多名骑兵在月光下乘木筏抢渡勤勒豁河，突然袭击了毫无防备的篾儿乞人。数万骑兵呼喊着，从四面八方冲向篾儿乞部大营，他们见篾儿乞男人就杀，见女人、孩子和财物就抢，见蒙古包就放火。脱里脱的营地一片混乱，火光冲天。刚刚从睡梦中惊醒的篾儿乞人，像无头苍蝇一样，在克烈部和札答兰部人的包围圈中抱头鼠窜，哭喊声、求救声、战马嘶鸣声响成一片。

在这次军事行动中，铁木真成功地解救了自己的爱妻孛儿帖。札木合、王罕联军几乎完全消灭了篾儿乞部的兀都亦惕氏族，掳掠了大批妇女、儿童和牲畜，抓到大批篾儿乞男子做奴隶，他们满载而归，返回到各自的营地。

经过这次胜利，铁木真的威望和地位得到了提升，越来越多的蒙古人投奔铁木真而来，他的部落力量也愈来愈强大。在和札木合部落共同生活了一年半后，铁木真不辞而别。他率领着上万人马，从斡难河中游迁回到怯绿涟河上游的桑沽儿河畔，安营扎寨，放牧畜群。铁木真勇敢果断、布施仁义的好名声传遍了整个草原，更多的人向铁木真投奔。大约在1183—1184年间，28岁的铁木真被乞颜氏的几位贵族和各部首领推举为可汗。随后铁木真设立军政机构，委任官吏，进一步巩固了自己在乞颜部的统治。

铁木真的迅速崛起让札木合不安。札木合本来就是一个心胸狭窄的人，他一向嫉妒铁木真的才能。他无法容忍铁木真比他强大。为了确保自己在草原上

的地位，1191年，札木合联合铁木真的仇敌泰赤乌部、塔塔儿部等十三部三万骑兵，向铁木真的营地发动大规模进攻。铁木真把本部人马编成十三翼，与之对抗。两军会战于答兰巴勒渚思之野。初出茅庐的铁木真缺乏战争经验，结果战败，几位部将受伤，不少人被俘。这就是历史上著名的"十三

翼之战"，它是成吉思汗一生中指挥的六十多场
重大战役中唯一失败的一次。

为保存实力，铁木真将余部主动撤退到斡难
河畔的哲列捏狭地休整。他不想过多计较与札木
合"十三翼之战"的失败，只是大力地发展自己
的亲信，积极笼络草原上的各大蒙古部落。铁木
真逐渐在草原上树立起自己的威望，许多人投奔到他的麾下。

1129 年，铁木真决定联合克烈部与金国军队夹攻塔塔儿部，铁木真对塔塔
儿部充满仇恨，因为正是塔塔儿人毒死了他的父亲，使他早早地就成了孤儿。
为确保作战胜利，铁木真再次请义父王罕出兵相助。铁木真与王罕会师后，沿
斡难河谷东进，直逼塔塔儿人仓促搭成的营帐。蒙古骑兵和克烈骑兵轮番冲击，
很快就攻破塔塔儿人的营寨，杀死他们的首领篾古真薛兀勒图及其无数部众，
缴获不少战利品。塔塔儿人除少数漏网之外，余部不是被杀死，就是当了俘虏。
消灭塔塔儿部的战役圆满成功，铁木真率军凯旋。

铁木真回到大营时，惊奇地发现，在他率领大军剿灭塔塔儿部的时候，主
儿勤氏部趁机袭击他的营地，并将其洗劫一空。愤怒的铁木真率领大军马不停
蹄地追击主儿勤氏。两军战于阔朵额阿剌勒附近的七道岭。主儿勤氏不堪一击，
大部缴械投降。首领撒察别乞和泰出率少数亲信眷狼狈逃入帖列秃山口。余
怒未消的铁木真决定不留后患，挥师冲进帖列秃山口，缴灭了余下的主儿勤氏。

经过这两次重大胜利，铁木真不仅积累了宝贵的作战经验，而且扩充了队
伍，培养了一大批人才。铁木真已经具备了统一蒙古草原的实力，一场波澜壮
阔的统一战争即将展开。

(二) 统一蒙古

铁木真统一草原的战争是从他与王罕的并肩作战开始的。1200 年春天，王
罕、铁木真率部在萨里川（今克鲁伦河与土拉河上游之间）会师。他们讨伐的
第一个目标是泰赤乌部，泰赤乌部的首领阿兀出把阿秃儿感到形势不妙，连忙
派人向铁木真和王罕的死对头篾儿乞部求援。两个部落对两个部落的战争开始
了，铁木真和王罕的联军将领和士兵们士气高昂，一鼓作气，将泰赤乌部和篾

儿乞部打得四处逃散。

经过短暂的休整后，他们开始向下一个进攻目标合答斤、山只昆部进发。山只昆部首领采取了主动应战的策略，他们联合塔塔儿、朵儿边、翁吉剌等部组成的联军浩浩荡荡直扑铁木真和王罕的营地。聪明的铁木真早已在他们进攻的路上设下埋伏，当合答斤部的联军进入包围圈后，突然发起进攻，几个回合后，就已大获全胜。

看到铁木真屡战屡胜，实力一天天强大，心胸狭窄的札木合又犯了嫉妒的老毛病。他生怕铁木真的强大影响到自己在草原上的地位，欲再次置铁木真于死地。他知道铁木真这些年打了不少胜战，也得罪了不少部落，要想击败铁木真，就得把他所有的仇敌联合起来，以优势兵力一举消灭铁木真。

1201 年，塔塔儿、合答斤、山只昆、朵儿边、亦乞列思、翁吉剌、豁罗剌罗、乃蛮、古出兀惕、篾儿乞、泰赤乌、斡亦剌、札答兰诸部的首领，在额尔古纳河、根河与得木尔河交汇处的忽兰也儿吉聚会，结成反铁木真大同盟。这支盟军由札木合统率，准备彻底消灭铁木真及其同盟王罕部。札木合的不仁不义让铁木真再也不能考虑安答的情意了。他派人通知王罕，积极准备应战。

不久两军相遇于赤忽儿忽山、扯克彻儿山和阔亦由一带，铁木真和王罕的部队抢占了居高临下的有利地形，札木合的人马不得不实施仰攻，而此时又下起了暴风雨，山高路滑，对札木合的联军更为不利。铁木真命令弓箭手万箭齐发，冲在最前面的敌人纷纷落马，后面的人见状不好，开始动摇，欲往后撤，无奈山陡道窄，札木合的人马开始自相践踏，坠入深涧者不计其数。铁木真的军队趁机像猛虎一样冲向了敌阵。反铁木真大同盟顷刻间土崩瓦解，铁木真再

一次用胜利证明自己是战争史上少有的天才。经过这次战争，铁木真认识到要想统一蒙古草原，必须各个击破，逐个消灭分散的部落。在各大部落中泰赤乌部相对较弱，只要消灭该部几个顽固的头目，就很容易把该部所属百姓争取过来。铁木真的部队顺斡难河谷而下，没过两日就到达泰赤乌部人居住的地域。泰赤乌部的头目阿兀出把阿秃儿临时拼凑了一支军队，准备应战。铁木真将部队分为十路向敌阵中冲去。在这次战斗中，

铁木真中了敌人的毒箭，幸亏铁木真的忠诚爱将者勒蔑的精心照顾，才死里逃生。三天后，铁木真的大将带领大队人马，迅速包围了逃到山窝里的泰赤乌人的残部。他们杀声震天，从四面八方杀向泰赤乌人。按照铁木真的命令，他们杀死了泰赤乌部那些顽固对立的贵族首领，收编了他们的百姓。

1202 年春天，铁木真开始征服塔塔儿人。他永远忘不了塔塔儿人给他们母子带来的痛苦，正是塔塔儿人毒死了他的父亲也速该，让年幼的他成了孤儿，因此乞颜部和塔塔儿部有不共戴天的仇恨。

当时塔塔儿部分为六个部落，每一部都有自己的军队和首领。虽然经过前几次的交锋，塔塔儿部受到很大的削弱，但力量仍然不容低估。铁木真估计到这将是一场艰苦的战争，因此做了周密的备战。

1202 年夏天，铁木真率主力部队向答兰捏木格思地区进军，博尔术、木华黎、博尔忽、赤老温、者勒蔑、哲别诸将护驾亲征。铁木真指挥的军队首先在答兰捏木儿格思之地击溃了塔塔儿四部仓促组成的联军，接着展开多路追击，在阿勒灰河和失鲁格勒只惕河一带将其包围，经过一昼夜的激战，将其全部消灭。

塔塔儿部已经毫无抵抗的力量，铁木真真正应该考虑的是如何处理众多的战俘和平民百姓，铁木真最后决定把身体高于车辖的塔塔儿男子全部杀死！铁木真为这一愚蠢的决定付出了沉重代价。剿杀塔塔儿百姓的部队遇到了最顽强的抵抗，死伤惨重。

铁木真要统一蒙古草原的趋势日益明显，草原上剩下的几个部落极度恐慌。王罕的儿子桑昆在札木合的怂恿下决定先发制人，他召集自己的亲信将领及札木合、阿勒坛、忽察儿、答里台等人，夜里开会，商讨对铁木真作战的行动计划。他们最后决定偷袭铁木真的金帐，来个擒贼先擒王。不料桑昆的作战计划被牧马人巴歹和乞失里黑听见，他们连夜把这个消息告诉了铁木真。

铁木真知道后非常震惊，他的将领和人马为便于放牧，平时都分散驻扎，彼此相距较远，现在集结起来已经来不及了。铁木真只好带着他本部的五千人向东撤退。桑昆知道后，立刻派先遣部队追击，他们轮番换马，马不停蹄，紧紧追赶铁木真的人马。王罕知道桑昆已和铁木真撕破脸皮后，虽然很不愿意和铁木真为敌，但事已如此，他只好站在儿子这边加入到战斗之中。

在先遣部队的引领下，桑昆、王罕和札木合等人率领主力部队也追上了铁木真，在卯温都儿山两军相遇。王罕将军队编成五个梯队，轮番攻击铁木真的阵营。铁木真面对数倍于自己的敌人毫不畏惧，他命令术赤台率兀鲁兀惕军，畏答儿率忙忽惕军，迎战王罕的第一梯队。两人带队左右夹击，不到两个回合，就把王罕的第一梯队杀得一败涂地。术赤台、畏答儿越战越勇，乘胜攻击王罕的第二梯队，将其击溃。战斗中，畏答儿被敌人第二梯队指挥官阿赤黑失伦刺中一枪，险些丧命。术赤台担任两部总指挥，继续苦战，击败王罕的第三、第四梯队。桑昆眼见四个梯队都败下阵来，情急之下，不等王罕发令，即率中军左右两翼发起冲击。铁木真见王罕父子开始冲锋，即命令所有箭手，瞄准冲在最前面的敌人，实施三次齐射，然后全军转入反冲锋。

战斗进行得极其惨烈，桑昆中箭受了重伤，铁木真的部队也损失过半，天黑后不得不停止战斗。铁木真的部队没有被彻底消灭但也无力再战，趁着天黑撤往呼伦贝尔草原。王罕忙于照顾受伤的儿子，也无心再战，退回了营地休整。

为确保安全，铁木真把部队开到捕鱼儿海子（今贝尔湖）一带，失散的人马陆续归队，没来得及联络的部队知道消息后也向这一地区集结。经过一个夏天的休整，铁木真的部落恢复了昔日的战斗力，重新掌握了战争的主动权。

1204 年，铁木真率领大军包围了王罕的大营，凌晨时各路军队发起了总攻。睡梦中醒来的王罕父子，仓促应战。战斗持续了三天三夜，克烈部人员伤亡惨重，疲惫不堪，突围又无望，余部纷纷缴械投降。王罕、桑昆带着几名亲信，在合答吉指挥的只儿斤氏突击队掩护下，乘夜色逃往乃蛮部，结果王罕被乃蛮部的边防军当作间谍斩杀，桑昆从乃蛮部逃到西夏，后辗转至吐蕃部，最后被畏兀儿的地方酋长杀死。至此，克烈部被彻底征服。

现在草原上能和铁木真对抗的只剩下乃蛮部了，他们之间的战争迟早会到来。1204 年，两军相遇于杭爱山，铁木真的军队如秋风扫落叶一般，将乃蛮部一举消灭。又经过一年的征战，铁木真最终完成了统一蒙古草原的大业。

1206 年，45 岁的铁木真已经成为草原上唯一的主人，这一年蒙古各部推举他为成吉思汗（意为天帝所封，世界上最伟大的汗），蒙古草原的历史开始了新的一页。

（三）对外征服

成吉思汗统一了蒙古草原各部，建立了统一的大蒙古国，结束了蒙古族各部之间的内战。现在，成吉思汗拥有一支总数超过十万人的常备军队。这里有九十五个千户的九千五百人的军队，还有一万人的精锐护卫军。草原上再也没有能和他抗衡的敌人了，于是这位征服者的目光投向了中原乃至世界。

金朝在大蒙古国南边，它是由女真人建立的国家，鼎盛时期曾统治了大半个中国。成吉思汗统一蒙古之前，蒙古人很长一段时间臣服于金朝，许多蒙古人受女真人的奴役。为了清洗昔日的耻辱，成吉思汗决定南征金朝。

在进攻金朝之前，蒙古人三次出征西夏，迫使西夏彻底臣服于蒙古，从而解除了南征金朝的后顾之忧。1211 年春天，成吉思汗按计划动员蒙军十五万精锐部队，南下攻金。蒙古军南渡怯绿涟河，穿过漠北草原，越过塞北的沙漠和戈壁，翻过阴山，开往靠近金国西北部边境地区的牧场驻扎，他们在这里度过了一个夏天。

秋天很快到了，蒙古军兵强马壮，士气昂扬。成吉思汗兵分两路，开始大举进攻金国：东路十万人由他亲自指挥，向金国首都中都（今北京）方向进攻；西路五万人由术赤、察合台、窝阔台三兄弟指挥，向金西京（今山西大同）方向进攻。

东路军进攻异常顺利，接连攻下金国长城外的几处要塞城垒，迅速攻破了拱卫金都的第一道防线。惊慌失措的金国皇帝立刻任命完颜执中为招讨使，动员四十万大军开赴西北战场抵抗蒙古军。以十万抵抗金兵四十万，成吉思汗再一次创造了军事史上的奇迹，野狐岭一战，金国四十万精锐部队几乎全军覆灭，元气大伤。与此同时，西路军也取得了辉煌战果，一路杀入西京，势如破竹。

冬季即将来临，经过一个秋天的征战，蒙古军马已相当疲惫，于是成吉思

成吉思汗陵

161

汗带着掳掠的大批百姓、牲畜和财物，撤回漠北草原。接下来的几年里，成吉思汗又对金朝发动了几次大规模的征讨。就在蒙古军即将攻下金朝时，一份情报打断了成吉思汗的攻金计划，他的仇人脱脱里的三个儿子还活着，而且盘踞在西部垂河一带，招集游民，发展势力，准备东山再起。卧榻之侧，岂容他人鼾睡，铁木真马上派大将速不台前去剿灭，一场追杀仇敌的行动很快演变成一次大规模的蒙古人西征。

速不台很快包围了脱脱里的三个儿子，并将他们和所属部族全部屠杀。从这次远征中铁木真获悉曾经的乃蛮部首领太阳汗的儿子屈出律也活着，他逃到了西辽并篡夺了西辽的大权。在强大的军事实力下，西辽国很快被吞并，屈出律遭斩首。西辽并入大蒙古帝国的版图，蒙古的西部边界开始与另一个中亚强国花剌子模接壤。

早在1215年，成吉思汗派使节到花剌子模王国，缔结通商贸易协定。当成吉思汗的商队至讹答剌(今哈萨克斯坦奇姆肯特西北)，当地总督亦难出见财起意，污蔑蒙古商队为间谍，将他们杀死并侵吞商品与骆驼。成吉思汗为集全力攻金，避免中断贸易，争取和平解决，派出使臣，致书花剌子模国王摩诃末责其背信弃义，要求交出凶手。可摩诃末拒绝要求并杀害正使，剃光两位副使胡须，押送出境。至此，花剌子模与成吉思汗的大蒙古结下冤仇。

现在花剌子模就在大蒙古国的旁边，报仇的机会到了。1219年，成吉思汗亲统二十万精锐蒙古骑兵，浩浩荡荡开往花剌子模。

成吉思汗首先派两名使者到达花剌子模国的新都撒马尔罕，向摩诃末国王下达宣战书，谴责他违背商贸协定和约。接着他的大军进抵花剌子模最东面的讹答剌城下，全军散开，将该城里三层外三层，围了个水泄不通。双方经过近五个月的厮杀，讹答剌城的外城被烧毁，粮草供应开始紧张，满城军民人心惶惶，蒙古军趁机发起了总攻，血洗讹答剌城后，将其付之一炬。

1220年，在炮军、弩兵和工程兵的配合下，成吉思汗指挥蒙古军先后攻陷花剌子模国的新都撒麻耳干旧都玉龙杰赤，给摩诃末统治集团以毁灭性的打击。为了斩草除根，以绝后患，成吉思汗命令哲别、速不台和脱忽察儿各领兵一万，追击西逃的摩诃末国王。他们穿过呼罗珊地区，经今伊朗和伊拉克境，一直追到

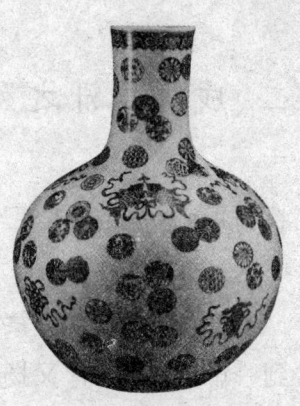

祃椤答而（伊朗里海南岸省名）境内。走投无路的花剌子模国王在里海的一个小岛上忧愤而死，他的母后、嫔妃和子女成了蒙古军的俘虏。

1221年到1224年年初，哲别、速不台按照成吉思汗的命令进军钦察，扫荡残敌。他们迅速击败波斯人、高加索人、钦察突厥人和斡罗思（俄罗斯）人，席卷了阿塞拜疆、谷儿只（今格鲁吉亚）、斡罗思南部、克里米亚和波斯西北部，于1224年经里海北东还。

哲别和速不台部在钦察征战的同时，成吉思汗与儿子察合台、窝阔台和拖雷正与花剌子模新国王札兰丁角逐于南面哥疾宁城。几回拼杀，札木兰自知无力抵挡蒙古人的反攻，便主动放弃哥疾宁城，逃往印度。1222年春天，成吉思汗派八剌、朵儿伯多黑申率两万骑兵渡过申河，进入印度境内，追击札兰丁。八剌、朵儿伯多黑申攻掠了许多城镇，没有发现札兰丁的踪迹，后因忍受不了印度的酷热，只好班师回营。

成吉思汗清除完花剌子模的残余势力后，认为西征花剌子模的战争目的已经达到，决定班师东归。1223年春天，成吉思汗踏上归途，一路上且行且牧且猎，避暑避冬，走走停停，直到1225年春天才回到蒙古草原。

二、成吉思汗之死

(一) 最后的日子

成吉思汗返回了蒙古草原，征服者的天性却让他坐卧不安，休息整顿还不到一年，成吉思汗又扬起马鞭准备开始再一次征服，而这次征服的对象是西夏。

在我国历史上，西夏是同金、南宋并列的封建王朝，其统治范围大致在今宁夏、甘肃、新疆、青海、内蒙古以及陕西的部分地区，其疆域方圆数千里，东近黄河，西至玉门，南界萧关（今宁夏同心南），北控大漠，与成吉思汗的大蒙古国接壤。蒙古人西征之前，就对西夏有过征服，迫使西夏人称臣纳贡。1219 年成吉思汗准备西征花刺子模时，派使者去西夏要求出兵，这本来是作为臣属国的西夏应尽的义务，然而西夏人不仅拒绝出兵，还对蒙古人冷嘲热讽。一位叫阿沙敢不的西夏大臣极其傲慢地对蒙古使者说："成吉思汗既然自己没有足够的力量去征战，那他就不配作大汗。"

成吉思汗知道后，非常生气，这种傲慢对一个战无不胜的征服者来说是不能容忍的。但这次蒙古人正准备和花刺子模决战，为了不打乱原有计划，成吉思汗决定暂时咽下这口气。他对天发誓说："倘若我得到长生天的保佑，能顺利凯旋，必将找西夏人报仇雪恨。"

现在，成吉思汗西征已经凯旋，花刺子模已被彻底消灭，向西夏复仇的时候到了。1226 年春，在蒙古草原休整的成吉思汗再也坐不住了，在爱子窝阔台、拖雷和宠妃也遂的陪同下，亲征西夏。

这次远征一开始就不那么吉利，成吉思汗率领大军行至阿尔不哈，一块空阔荒凉的空地出现在他们眼前。这片空地南北方向依次穿插着长条的沙堆，沙堆与沙堆之间是平坦的草原和牧场，这片空地的东边是高大的山脉，山脉的西北坡不时能看见野马野驴奔跑。见此情景，60 多岁的成吉思汗按捺不住蒙古人狩猎的天性，扬鞭策马，同手下人冲向

了山坡。成吉思汗为这次草率付出了代价，在围猎一群野马时，他骑的红沙马受到了惊吓，马的前蹄腾空而起，毫无防备的成吉思汗从马上重重地摔了下来。

众部将马上将他搀扶了起来，成吉思汗疼得嘴唇发紫，大军马上停止狩猎，就地安营扎寨。第二天，也遂夫人把亲王和大将叫到跟前，告诉他们说，大汗昨夜神志不清，高烧不退，让他们商议对策。大将脱仑扯尔必建议说："西夏人属于定居民族，他们不像我们游牧民族那样可以随时迁徙，大汗应先回蒙古养伤，等伤病好了再消灭他们也不迟。"将领和亲王大多数都赞同脱仑扯尔必推迟远征的建议，但从不言败的成吉思汗不想给西夏人留下不战而退的笑柄。成吉思汗先派了一位蒙古使者到西夏，给西夏王的口信说："你曾经发誓做我的左膀右臂，我按照你的意思，在西征的时候邀请你出兵从征，你除了拒绝出兵还冷言相讥。当时我忙于西征，推迟了复仇，今天我凯旋，到了向你报仇的时候了。"

听了这最后通牒式的口谕，西夏王十分恐慌，忙说："这种讥讽之言，并非出自我口。"昔日得罪成吉思汗的西夏大臣阿沙敢不又一次不自量力地说："讥讽的话是我说的，现在蒙古人想同我军作战，我们有贺兰山的营地，让他们来吧，可到贺兰山一决雌雄。"

这些话彻底激怒了成吉思汗，他不顾伤病在身，决意将这场征战进行到底，他经常对部下说："他们如此口出狂言，我们怎能退兵？即使是死也要报仇雪恨！"1126年3月，蒙古军从弱水攻入西夏，弱水发源于南山，流经地区多是戈壁沙漠。蒙古军首先攻占了进入西夏的门户额济纳城，然后从弱水河谷入河西走廊。1126年夏天，成吉思汗屯兵于附近山区，在那里避暑。同年冬，蒙古军东进破梁山，进至黄河畔的应理市。应理位于西夏首都兴庆城以南约一百里处。蒙古军所到之处大肆烧杀掠夺。

1226年年底，成吉思汗率军围攻灵州，这个地方被蒙古族史学家称为朵尔蔑该城，它离西夏首都兴庆城约三十公里，同兴庆城分属黄河两岸。西夏从兴庆城派出援军，试图解灵州之围，成吉思汗与这支援军相遇于一片布满沼泽的平原上。这里有黄河泛滥时形成的沼泽地，在寒冷的冬季冻得像铁一样硬实。

成吉思汗陵

一场激烈的厮杀后，西夏援军被击溃，蒙古军血洗了灵州城。

失去了西部屏障，兴庆城岌岌可危。可成吉思汗似乎不急于攻下兴庆城，1227年年初，成吉思汗留下一支军队继续围攻兴庆，自己率领大军逐个征服黄河上游各地。二月初，大军向兰州西南约一百公里处的河州推进，这是中原与西藏交界处一块很偏僻的地方，从这里往西可到今天的西宁，当时西宁周围地区都是些荒凉的地区。但这里却是通向西藏和拉萨的商路咽喉之地。1227年3月，蒙古铁骑轻易就攻下了西宁，接着他率领大军又转战到今天甘肃境内的六盘山。五月底，成吉思汗重登六盘山避暑，此后下山，来到六十公里外的清水县。自上一年狩猎摔伤，再加上过度劳累，成吉思汗的伤一直没有彻底康复。身边的将领、亲王看到成吉思汗一天天衰弱下去，他本人也越来越感到体力不支。现在对成吉思汗来说，最重要的就是赶快看到蒙古军攻下西夏首都兴庆城的那一天。

事实上，被紧密包围的兴庆城离彻底陷落已经不远了，西夏国主李现要求蒙古军给他一个月的时间准备投降，以此来推延时间。6月上旬，李现再难以为继，决定投降。他带着丰盛的礼物到蒙古军营中观见成吉思汗。他虽表示屈服称臣，但最终也没能见到成吉思汗，最多只是在成吉思汗的大帐门前停留了一会。实际上，成吉思汗并未亲自接见西夏主，当时，他的病情已经恶化，举行接见仪式时，很可能不在现场，这只不过是蒙古人导演的一场戏而已。

成吉思汗在病痛的折磨下一天天瘦弱下去，他自己也感到大限将至，不久于人世。他的背后是一个经过自己一生拼杀刚刚建立起来的蒙古大帝国，他的诸子中要由一个人来执掌帝国的汗位，这将关系到帝国的未来，也关系到成吉思汗尚未完成的宏图大业能否顺利实现。在生命的最后几个星期里，成吉思汗认真思考着继承问题。

成吉思汗有四个虎子，个个英勇果敢，能征善战。长子术赤跟随成吉思汗南征北战、屡立奇功。1219年，他从父西征，受命与察合台、窝阔台留军围讹答剌。城破后，术赤进至撒马尔罕与成吉思汗会合。此后又与察合台、窝阔台攻陷花剌子模都城玉龙杰赤城（今土库曼斯坦乌尔根奇）。玉龙杰赤城陷后，术赤径返其在也儿的石河旁辎重所在驻地。

成吉思汗分封诸子，术赤作为长子，封他最西，所有海押立以西征服地区均属于他，后建立起钦察汗国。1223 年，成吉思汗东还时，术赤称病，未入觐。有人告发他正在围猎，成吉思汗怀疑他背叛，曾一度打算发兵亲征。但就在六个月后，传来术赤病死的消息。成吉思汗怀着巨大的悲痛，彻底原谅了儿子。

另外的三个儿子中，次子察合台留守蒙古，当时并不在西夏战场。成吉思汗把随征的窝阔台和拖雷叫到身边，让其他人都在帐外等候。他秘密地叮嘱着这两个最喜爱的儿子说："我的儿子们，父亲将不久于人世，凭借长生天（蒙古人崇拜天，把天尊称为长生天）的帮助下，我已经为你们建立了庞大的蒙古帝国，从我帝国的中央到四方任何一边界都需要一年的行程。如果你们想让帝国不至于瓦解，就必须同心同德、一致对外，这样才能为你们的亲人朋友增加富贵。我死后，由窝阔台继承大位，你们不得违背我的遗命。察合台不在身边，不能使他产生离乱之心。"

弥留之际，成吉思汗仍然念念不忘蒙古人的征战事业。当时，西夏只剩下一座孤城，彻底征服已经毫无悬念。同蒙古人世仇的金朝皇帝固守着河南，其统治中心开封可以说是固若金汤。病榻上的成吉思汗经过深思熟虑，向小儿子拖雷及重要将领秘授了攻取开封的策略，他敏锐地看到：金国的精锐固守潼关，而潼关南据华山，北有黄河，很难攻破。如果从这里进军，很难取胜，所以蒙古军应借道宋朝，宋朝同金国世代为敌，必然同意。从宋境进入河南南部，然后可直取开封。到时，金国必然会调集潼关的精锐支援开封，数万军队千里赴援，即使勉强按时赶到开封，也必定疲惫不堪，不攻自破。如果用这种战略，攻取开封就变得容易。这是成吉思汗戎马一生的最后一个作战计划。六年后，拖雷率领众将领按照成吉思汗的作战计划顺利地攻下了开封，足见成吉思汗之雄才大略。

此外，成吉思汗还考虑到，如果西夏人知道自己病故，可能会拒绝投降。他要求死后秘不发丧。成吉思汗痛恨西夏人，正是他们的背信弃义与狂妄自大让他带病出征。因此，他下令一定要血洗兴庆城，城中不分男女老少一律斩尽杀绝。窝阔台继承汗位、借道中原攻取金国、死后秘葬，这就是历史上著名的成吉思汗临终前立下的三大遗嘱。

（二）生死之缘——阿尔寨石窟

1227 年 8 月 25 日，蒙古军即将攻陷西夏最后一个据点兴庆城的时候，成吉思汗病逝于六盘山下的清水县，享年 66 岁。由于成吉思汗死后很长时间秘不发丧，致使后人对成吉思汗的真正死因有了众多的猜测。从现有的历史文献来看，就有诸种说法：

《蒙古源流》的说法是，成吉思汗的军队在进攻西夏的过程中，俘获了年轻貌美的西夏王妃古尔伯乐津郭斡哈屯，并把她敬献给成吉思汗，就在陪寝的当晚，这位西夏王妃乘成吉思汗放松警惕的时候刺杀了他，然后自己投河自尽。《蒙古源流》成书于 1662 年，作者为蒙古族著名历史学家莎囊彻辰。1776 年蒙古喀尔喀部亲王成衮扎布将此书作为礼物进献给乾隆皇帝。此书是一部珍贵的蒙古编年体史书，具有很高的史料价值。因此，"美女刺死"一说也不能轻易否定。

《马可·波罗游记》的说法是成吉思汗死于箭伤。《马可·波罗游记》是著名的中外文化交流的三大传记之一，作者马可波罗是 13 世纪的意大利商人、旅行家。他随同父亲和叔叔从威尼斯出发途经中东、东亚来到中国大都，受到了蒙古大汗忽必烈的热烈欢迎。马可·波罗经常与蒙古上层接触，在中国生活了十七年之久，对中国的历史文化有相当的了解。他的游记中记有成吉思汗的死因，书上说成吉思汗在围攻太津（吉州，古要塞）时，膝盖部不幸中了西夏士兵射来的毒箭，由于没能及时治理，毒气攻心，不治而亡。成吉思汗戎马一生受过多次箭伤，比如 1202 年的奕坛之战，1212 年的攻西京之战时都曾经受过箭伤，所以成吉思汗死于箭伤的可能性也很大。

成吉思汗死因的诸多说法中，最为离奇的是"雷击说"。13 世纪，一名葡萄牙人奉罗马教廷使命出使中国。两年后回国，向教皇提交了题为《被我们称为鞑靼的蒙古人的历史》，这份报告提到成吉思汗很可能死于雷击。约翰·普兰诺·加宾尼在蒙古国发现夏天的雷电经常伤人，蒙古人害怕雷电，迷信地认为："上天以雷电警告不孝者。"而成吉思汗母亲的去世与成吉思汗有关，因此，有不孝之嫌的成吉思汗对

雷电尤为害怕。或许真是受到了上天的惩罚，1227年夏天，成吉思汗误入雷区，被闪电击中而死。这种说法主观猜测性太强，不足为信。

这些猜测都有一定的依据，不能轻易否定。成吉思汗生命的最后日子里到底发生了什么？历史的真实又是怎样？我们只能从留存至今有关成吉思汗的传说和历史遗迹中寻找答案，可是那些流传在蒙古人中古老的传说和草原戈壁上的残破的历史痕迹到底想要告诉我们什么呢？

史书记载成吉思汗是在阿尔不合围猎受伤的，然后到朔斡儿合惕养伤。阿尔不合是今天的什么地方？朔斡儿合惕又在那里？很久以来众说纷纭。直到20世纪八九十年代，随着鄂尔多斯阿尔寨石窟遗址的发现，才使史书中只言片语的记载和古老的民间传说联系在一起。

阿尔寨石窟坐落在一望无际的鄂尔多斯高原上，屹立于高约80米、宽约300米、状似平台的红砂岩小山——苏默图阿尔寨山上。它由阿尔寨山山体周围凿有的众多石窟组成，当地老百姓称其为"百眼窟"。阿尔寨山上原有寺庙建筑，至今仍有六处遗址；环山凿有六十五座石窟，坍塌或被风沙掩埋的有十八座，目前较完整的尚有四十三座；山周围岩壁上刻有大小浮雕佛塔二十二座。阿尔寨石窟始凿于北魏中期。西夏时已有相当规模，石窟洞顶的许多莲花图案，正是西夏流行的纹饰。西夏灭亡以后，这里被蒙古人占据，蒙古人在继续修造石窟的同时，在山顶上新建寺庙，使阿尔寨石窟兼有礼佛、祭祀和住人的三重功能。明朝万历年间，由于藏传佛教在蒙古人居住地区的盛行，阿尔寨石窟再度得到扩建，明朝末年，山顶庙宇和许多石窟被毁弃。阿尔寨石窟的历史记载从此销声匿迹。

仔细观察不难发现，阿尔寨石窟在不同的历史时期都凿有洞窟，但西夏时期挖凿的最多。蒙语"朔斡儿合惕"汉意为"多窟汇聚的地方"，因此有专家认定阿尔寨石窟就是当年的"朔斡儿合惕"。但当时的西夏有很多石窟。"多窟汇聚的地方"不一定指的就是阿尔寨石窟。但蒙古族的一个久远的传说似乎隐隐约约告诉世人，阿尔寨石窟就是"朔斡儿合惕"。

阿尔寨石窟第十号窟，相传这就是当年成吉思汗养伤的地方，走进这座石窟，你会发现它确实与其他石窟不同。洞口的四壁非常厚，可以安上两道门，使本来就冬暖夏凉的窑洞保温性能更好，而且更安全。洞内四壁都有一道石坎，可以搭架木板，不易受潮。通过两道洞门进入洞内，即可直接上床，非常方便。按当时的条件，一个受伤的人住在这里要比住在蒙古包里舒适得多，石窟门前矗立着一杆苏勒德神矛。那是成吉思汗大军的守护神、军旗。石窟左侧的石崖上还有两个竖槽，传说是成吉思汗养伤时坐着练习射箭的地方，现在两道石槽经风雨侵蚀，已磨损很严重。

住在当地的一位蒙古族老人说，他们是跟着成吉思汗的队伍过来的，此后祖祖辈辈生活在这里。阿尔寨山上的敖包，他们从七百多年前一直祭祀到今天。他还说，过去阿尔寨石窟一代是禁区，一般人是不能到这儿割草放牧，更不准在附近居住的，因为他们一直相信这是当年大汗坐过的地方，

此外，在阿尔寨石窟的东南方向，大约二十多公里的地方。一片洼地里，散布着七十多眼水井。俗称百眼井。百眼井，蒙语称"敖楞瑙亥音其日嘎"，用汉语讲就是"众狗之井"。在这里也有一个古老的传说，传说这是成吉思汗征灭西夏时为众多猎狗打下的。成吉思汗大军征灭西夏时，秋冬时节驻军阿尔巴斯地区，众多的人马需要水喝。相对集中的驻军需要相对集中的水源。百眼井很可能是成吉思汗驻扎过大军的地方。百眼井并非是成吉思汗大军所挖。而是在成吉思汗驻军以前就存在了，在百眼井附近，还有一片原始广袤的草场。草场内有一座敖包，名为"白音敖包"，这是祭祀成吉思汗两匹骏马的地方。成吉思汗走了，他的神勇坐骑也跟着走了，这座敖包下，传说就埋葬着那两匹骏马的马头。在白音敖包的东北大约五公里的地方，还有一处人工挖掘的水池遗迹，传说这是成吉思汗当年驻军挖下用于积蓄雨水的饮马池，现在每逢大雨，池内仍然可以积蓄到很多雨水，当地牧民仍然经常修理利用它，由此看来，说阿尔寨石窟就是朔斡儿合惕是有道理的。既然阿尔寨石窟就是朔斡儿合惕，那么阿尔巴斯地区就是阿尔不合。

从历史记载、民间传说和历史遗迹三方面相互论证，历史的事实似乎是成

吉思汗在阿尔不合即今天的鄂尔多斯阿尔巴斯地区围猎受重伤，身体还没彻底康复就带兵出征西夏，结果病逝于军中。如果真的是这样，阿尔寨石窟就同成吉思汗结下生死之缘。这里不仅是成吉思汗养伤疗疾的地方，也是他策划灭除西夏军事方略的重要场所。作为成吉思汗晚年活动的重要遗址，阿尔寨石窟的历史价值是无与伦比的。

三、寻找成吉思汗陵

（一）成吉思汗的安葬地之谜

　　同成吉思汗死因之谜相比，他死后真身的安葬之地更是谜中之谜。

　　成吉思汗死后，他的家眷和大臣们严格遵循成吉思汗生前秘不发丧的遗诏，将他的遗体按照蒙古人的独特习俗悄悄埋葬了。首先他们在地表挖一深坑，将装有成吉思汗遗体的独木棺下葬，用土回填。然后，蒙古军又出动上万匹马，在墓地上来回奔跑，将墓地踏为平地，随后为首的将领命令八百名士兵将造墓的一千名工匠，全部杀死，而后这八百名士兵也遭到灭口。最终，成吉思汗的安葬之地这一天大的机密，被带进了坟墓。

　　据说蒙古人密葬完成吉思汗后，还要在墓葬地当着一头母骆驼的面杀死她的一头小骆驼，第二年来祭祀的时候，把这头母骆驼牵来，在杀死小骆驼的地点，母骆驼就会悲痛地哀鸣。这样，前来祭祀的人就能找到墓葬的确切地点。但有人对依靠骆驼寻找祖宗坟墓的说法表示怀疑，他们认为这是建立在封建时代汉族统治者对蒙古民族的歧视和排斥的基础上的荒谬论调。骆驼是一种牲畜，它的寿命不会比人的寿命更长，依靠骆驼寻找坟墓的说法并不可信。

　　多年来人们不断地猜测成吉思汗陵墓的具体位置，形成了多种说法，一种说法是在蒙古国的杭爱山或肯特山，因为成吉思汗生前的某一天，曾经在肯特山的一棵树下静坐长思，而后突然起立对周围的人说，我死后就葬在这里。而一位南宋文人的笔记也提到，成吉思汗当年病逝于宁夏，遗体运往肯特山密葬。一种说法是在新疆北部的阿勒泰山，据说考古学家在当地清河县三道海附近发现了一座人工改造的大山，有可能是成吉思汗的陵墓。一个佐证是此山的山势、山形与中国古代君王挑选墓地所依据的风水术相符。更有力的证据是《马可·波罗游记》中有这样的记载："在君主的灵柩运往阿尔泰山的途中，护送的人将沿途遇到的所有人，作为殉葬者。"还有一种说法是在宁夏的六盘山，考古专家认为，当时正值盛夏，按照蒙古人的习俗，为了让成吉思汗的灵魂尽快升入天堂，尸体必定在三天之内处理，或者天葬，或者火化，或者土葬，成吉思汗死后就地安葬的可能性很大。但是有人提出质疑，当时六盘山周围地区，蒙古军和西夏军正在激烈地征战，蒙古人绝不会将他们备受尊崇的圣主安葬在一个兵荒马乱、战乱频仍的地方。那么成吉思汗究竟安葬在那里呢？

蒙古族历史著作中《蒙古秘史》中，关于成吉思汗的丧葬记载，只有简单的一句话："亥年成吉思汗升天矣。"记载蒙元史的主要著作《元史》对成吉思汗安葬地的记述也只有短短的两句话："帝崩于萨里川哈老徒之行宫，葬起辇谷。"

起辇谷在哪里，翻遍中国的历代史书也找不到这样的地名，起辇谷肯定是个假名。但"帝崩于萨里川哈老徒之行宫"的说法，似乎告诉人们这个地方就在蒙古高原斡难河、怯绿涟河和土兀剌河源头的山区。起辇谷这个假名不可能是修史者信手拈来，它很可能是一个隐语，隐藏着成吉思汗墓葬地的某种秘密。

"辇"是古代帝王坐的车，"起辇"就是帝王战车的出发地。有人说这个出发地，就是成吉思汗在三河之源的出发地，成吉思汗很可能就安葬在现在蒙古国肯特山区的某个山谷里。但如果真是这样，按当时的交通条件，运送成吉思汗灵柩的勒勒车，最少走一个月才能到达蒙古高原，时值阴历七月，烈日依然当头，他的肉身不可能被拉回去。

我国的一些专家和学者猜测，成吉思汗的安葬地应该在内蒙古的鄂尔多斯。据说成吉思汗的那个时代，鄂尔多斯水草丰茂、风光宜人。成吉思汗觉得这是一个人间天堂，希望自己百年之后，能够长眠于此地，人们于是就按照他的遗嘱，把他葬在这里。今天，当我们重新考察鄂尔多斯地区的时候，发现在阿尔巴斯山的北端，山脚下有一条山洪冲成的河沟，当地人叫它"其额勒"，汉名译为"千里沟"。紧靠"其额勒"沟的高地叫"宝特高西力"，汉语的意思是"驼羔梁"，当地的蒙古人认为成吉思汗就是在这里秘葬的。"驼羔梁"的北边及东

北方向，原来是一大片绿荫如毯的草地，辽阔而美丽。据说数百年前，这片草地上还有河流和湖泊。草地以北，又有一道高粱，蒙名叫"宝日陶勒盖"。鄂尔多斯的阿尔巴斯距灵州的直线距离约为二百公里，是从灵州到木纳山嘴回归漠北的必经之地。成吉思汗去世的时候，

蒙古大军占领阿尔不合及阿尔巴地区已经一年，这里又一直是西夏王朝统治的薄弱地区，成吉思汗离开战区，回归的路上在这里去世秘葬也不是没有可能的。成吉思汗从这里进军贺兰山时，已经受伤，不能骑马，只能乘车，说"起辇谷"是在这里，也是能说得过去的。

（二）神秘的丧葬图

近年来由于在阿尔寨石窟一幅"丧葬图"的发现和研究，越来越多的人们相信，鄂尔多斯就是成吉思汗最终的长眠之地。

"丧葬图"位于阿尔寨石窟第三十一窟中，由于年代久远再加上屡遭破坏，石窟的壁画几乎面目全非。"丧葬图"虽然也遭到破坏，但其内容和形象仍依稀可辨。从发现它的那刻起，这幅丧葬图就是许多专家和学者研究和争论的焦点。首先是这幅壁画产生的年代问题，从洞窟和壁画风格来看，都属于西夏晚期的作品。石窟中的"丧葬图"，根据佛像的绘画特征和造像特征，许多专家一致认为，它属于蒙元时期的作品。但也有少部分人认为它可能是明朝时期的作品。

现在让我们来仔细看一看这副神秘的"丧葬图"。"丧葬图"分六层，每一部分用黑框隔开，中间都画有一尊藏传佛教的变身佛像。这就是所谓的坐佛，据说这种崇拜在西夏后期和蒙元时期十分流行。这幅壁画的最下面两层完全是宗教意义上的内容：从下往上数第二层，两座藏式庙宇中间的山腰，画着一尊坐身佛像，山脚树立着一块像墓碑一样的白色物体，几个古怪精灵或在天上飞翔，或在地上卧蹲。而最下边一层，变身佛像的下方左边，画的则是许多恶鬼惩治死人的场面，是传说中的地狱。从下往上数第三层，是山川河流，平顶山居中，变身佛居上。山坡上遍布着野马、野驴、野羊、野鹿等野兽，河里有鹅、鸭，河边有三个人，还有小鸟，一头长角鹿的旁边还有一位举手挥舞的人。组画的最上一层主体是山峰，变身佛画在山峰的半腰，左右各有一座庙宇，整个画面紫气缭绕，如同仙境一般。上方第二层画面，同样的山峰，同样的变身佛居中，而上下左右却是两军对垒的战争场面。上面有骑着大象的武士在疾驰，中间是排列整齐的两军对阵，下边则是骑着战马的两军将帅们在驰骋厮杀。第四层是这组壁画的核心部分，也是最神秘、最写实，使人最富联想的部分。这层画面又分为中间和前后左右五个场景。每个场景之间用斜线隔开，画面左侧前方，是一座有双层飞檐的庙宇，庙内有持灯打坐的僧人，庙外有身穿蒙古袍的男人。画面右侧前方，是一间单檐宫殿式的房屋，室内挂有垂帘，一人垂头而坐。室外也有一人，裸腿，身穿皮条状长衣，举手弯腰，像是萨满教中巫师的样子。画面正中前方是这层壁画写实的主体，两顶华丽异常，尖顶高耸的白色宫帐和一座小庙，居画面前方最显眼的位置是两座宫帐，除了漂亮的装饰图案外，还有一个圆形的包顶，显示出它的神圣和庄严。在第一个较大的宫帐外，一左一右分别有两位妇女，她们头顶尖帽，身着蒙古贵族服装。左边的妇女戴有比甲，她手托宫帐，依包而立。右边的一位，恭恭敬敬地盘腿坐在包边。白色宫帐的左侧，是一间飞檐小庙，其样式和现在成吉思汗陵苏勒德祭坛上的铜制小庙一模一样。在这间小庙的两侧，也有两位夫人一站一立。庙左侧坐在地毯上的贵妇穿蒙古礼服，肩有比甲，盘腿免冠，恭敬而坐。右侧站立的妇人身着带帽长袍，双手合十，像是西夏或是西域妇女打扮。中间这组画面的侧后方，还有一座扁圆形住人的蒙古包，样子和我们现在见到的蒙古包一样。这层画面的右后方，就是人们争论已久的丧葬场面，丧葬场面没有山野的绿色，显然是另一个地方。一具赤裸的尸身，双手举过头顶，直挺挺地放在巨大的方形场地的中央，三只白鸟正在将尸体衔起，呈升腾动作。尸体侧边，跪着一个巫师一样的人，双手合举，面前放着一个小箱子，上边摆放着一些尖状的祭物，像是在超度死者。在这片场地的右后方，像是卧着一匹红褐色的战马，马头朝向场地，望着尸体。场地的右侧，像是蹲着一些野兽，前爪都踏在场地边上。场地的前边，放着一具棺木，棺木前跪着三个人，一人是僧人打扮，一人似巫师，第三个人则是头戴盔帽、肩有比甲的蒙古贵族打扮，在场地的前角，也站着一名同样穿戴的贵族男子。这层画面的最后一部分在左后方，一位老人端坐于山洞之中，周围仙鸟飞舞，祥云皑皑。

这幅有六层内容的壁画，究竟想说明什么？从整体上看，这组壁画最上一层和下边两层的画面说的是天上和地狱的故事，显然是在宣扬佛教的生死轮回。中间上层的画面完全写实，反映的似乎就是阿尔寨或者阿尔巴斯地区曾经发生过的故事。经过许多年艰苦的研究，许多专家认为，这就是成吉思汗的丧葬图。

结合《蒙古秘史》的记录，我们就中间的上层写实的画面，做一个符合逻辑和实际的分析，首先壁画画在阿尔寨石窟，画面中写实的场面，第一个可能就是与阿尔寨石窟及其周围的环境和曾经发生的故事有关。从下往上数第三层是山川和河流的画面，中间的平顶山峰同今天看到的阿尔寨西南的乌仁都希山峰一模一样，由此可以确认，它就是当年阿尔巴斯山一带野马成群、野兽随处可见的情景。再看上方第二层两军对垒的画面，依其穿戴披挂以及战骑阵式，可以看出，它反映的就是成吉思汗率领着蒙古大军西征和消灭西夏的激烈战役。可以断定中间的这层画面反映的地方就是阿尔寨石窟或者附近地区。这里曾经有过成吉思汗的丧葬场面和祭祀宫帐也是不难理解的。如果是这样，那么画面右后方的场景毫无疑问就是成吉思汗的丧葬图了。按照画面的情景和当时蒙古人以信奉萨满教为主的习俗，准确地说，这幅画反映的是萨满教的安葬或野葬的场面。尸体右侧双手合十跪拜的这个人就是萨满教中的巫师。场地后边横卧的战马，就是围猎时把成吉思汗摔在地上的那匹赤兔马。成吉思汗升天了，它也理应随去。而棺材边上的三个人，一个是僧人，一个是巫师，一个是成吉思汗的儿子，连同场地前角另一个贵族打扮的男子，他们应当是四子拖雷和成吉思汗的其他子孙。这具棺木应当是空的，尸体就是从这具棺木中抬出来的。这层画面左后方，端坐的那位老人，经过放大，其形象最像我们常见的那幅成吉思汗画像。仙鹤在四周飞翔，应该是灵魂升天成神的情景。与天葬的场面相呼应，中间的主要场面是成吉思汗祭祀图。这两间白色宫帐，从它尖顶高耸和华丽肃穆的构造可以确定它就是历史上记载的成吉思汗八白宫中的两座。在相当长的一个历史时期中，成吉思汗的八白宫都是在秘密状态下，分散安放的。这座小庙与现在的鄂尔多斯成吉思汗陵苏勒德祭坛上的铜制小庙一模一样，成陵的祭祀圣物都是依据古老的祭祀典制传下来的，因此画面上的小庙就是成吉思汗陵供奉苏勒德圣矛的祭祀小庙。在这层画面的中央，还有点睛之笔，坐佛四周的彩云组成了三个汉字——天之子。

综合权威史料的记载、历史遗迹的考证和民间传说，根据成吉思汗的信仰和蒙古民族当时的丧葬习俗，考虑到当时的气候和身在战区或战区边缘的具体情况，我们可以猜测，成吉思汗去世后，他的子孙们准备将遗体运往蒙古高原的肯特山安葬，可是当遗体运到他曾经养过伤的鄂尔多斯的阿而巴斯一带时，由于天气炎热，尸体开始腐烂，为了让长生天的使者将成吉思汗的灵魂尽快带上腾格里天堂，按照萨满教的习俗，在这里秘密地举行了一种特殊的野葬仪式，将成吉思汗就地安葬。遗憾的是，我们至今没能在鄂尔多斯找到成吉思汗的陵墓。

（三）寻找成吉思汗秘葬地的最新动态

成吉思汗的一生是辉煌的，他创造了无数个战争史上的奇迹。直到今天，世界各国的人们对他的兴趣依然浓厚。数百年来，寻找成吉思汗陵的行动更是从未间断，匈牙利、波兰、美国、日本、意大利、德国、法国、加拿大、俄罗斯、土耳其、韩国等十多个国家都投入了大量的人力物力，耗费不计其数的资金去寻找成吉思汗的安葬地，但都无果而终。

近年来又传出成吉思汗的陵墓里可能埋藏着他东征西讨，从二十多个王国得来的无价珍宝，据说随葬的工艺品甚至比秦始皇陵出土的兵马俑还要壮观。这些因素再一次激起了世界各国的考古界和成吉思汗的崇拜者、探险家们对寻找成吉思汗的秘葬地的浓厚兴趣。

2000年8月，美国的探险家穆里·克拉维兹率领由科学家、考古教授和翻译组成的考古探险特别小组信心十足地来到乌兰巴托寻找成吉思汗陵墓。

穆里·克拉维兹这年68岁，是美国的亿万富翁，青年时代起就对成吉思汗有着浓厚的兴趣。这次探险他共募集了120万美元的经费。计划用三年的时间跑遍蒙古国，追踪成吉思汗活着时留下的线索，最终找到成吉思汗的陵墓和陵墓里埋藏的宝物。

这个计划一开始就遭到了蒙古政府的抵制，后来他几乎拿出了自己的全部积蓄，在蒙古生活了六年，才说服了蒙古政府并吸引了两位著名的当地历史学教授加入探险。

2001年8月16日，克拉维兹的考古队在乌兰巴托东北三百多公里处的森林中发现了一个城墙环绕的墓地，里面包括几十座没有打开过的陵墓。探险队由此向外界宣布"找到了成吉思汗的陵墓"，但后来被证明是匈奴墓。

2002年4月，这个考古队在蒙古首都乌兰巴托东北320公里处的肯特省巴士利特镇发现了一个由城墙环绕的墓地，里面至少包括30座没有打开过的陵墓。这个古墓被称为"非常可能是成吉思汗的陵墓"。然而，四个月后，考古队突然放弃挖掘行动并撤出蒙古。有传言说，在考察过程中，美国考古队的一些工作人员被陵墓墙壁中忽然涌出的许多毒蛇咬伤，并且他们停放在山边的车辆也无缘无故地从山坡上滑落，所以考古队决定放弃挖掘。

因此有传言说是成吉思汗显灵了。不过，真实情况据说是考古队受到了蒙古政府和民间的阻止。因为按照蒙古的传统观念，挖掘土地会带来坏运气，而触动祖先的坟墓会毁灭祖先的灵魂。所以，当蒙古国民众得知这一消息后，纷纷强烈反对挖掘，蒙古国政府也勒令考古队停止挖掘并撤出那个地区。主要投资者克拉维兹不得不宣布停止考察活动。

2004年10月6日，一支分别来自日本和蒙古的联合考古队宣布他们找到了可能打开成吉思汗陵墓之谜的"钥匙"——成吉思汗的灵庙。如果灵庙的身份得到确证，那么将会在灵庙方圆12公里范围内锁定成吉思汗的陵墓。

10月4日，日蒙联合考古队在位于距离蒙古首都乌兰巴托约150英里的阿夫拉加市达尔根哈安村附近，发现一座建在四角形基座上的13—15世纪的灵庙遗址。在灵庙的下方是一座几乎已成废墟的石头平台，在石头平台的下方埋有许多坑洞，里面埋葬着许多战马的骨灰和遗骨。从战马遗骸的数目之众来看，这座陵墓的主人显然地位非同寻常。在25米的方形基坛上还发现了作为灵庙遗存的基石和柱穴，因为没有发现瓦和砖，所以推测上面所建应该是帐篷。

考古学家们认为，这个石头平台应该就是陵墓的原始地基。在灵庙内，还发现从上面看为"凸"形的、高约40厘米的石壁，上面有烧火的痕迹。基坛的周围发现了埋灰和马骨的坑，认为这是为祭祀成吉思汗而烧马等"烧饭"仪式的证据，这与中国史书的记载一致。另外，在灵庙的南侧，出土了刻有作为皇帝象征的龙的纹样的香炉，这则与14世纪波斯历史书的记载相一致。

考古发掘队的负责人之一、日本新泻大学的白石典之助教授介绍称，距这个陵墓七英里之内，密布着各个时代的蒙古首领陵墓。种种迹象表明，这里应该就是传说中的成吉思汗陵墓。

日蒙考古队在寻找成吉思汗陵的工作中取得了不少成绩，但这些陵墓或遗迹是否是成吉思汗陵则缺乏有力的证据，因此许多专家学者对他们的发现提出质疑。

首先，元朝的历代皇帝都采用秘葬的形式，都有烧饭致祭的习俗。这里的祭祀对象比较高贵但并不能认定祭祀的对象就是成吉思汗，更不能由此确定成吉思汗陵的位置。龙纹香炉是蒙古族受汉文化影响的产物。成吉思汗时期蒙古族皇室还没有入主中原，如果作为皇帝象征，也只能是后世元朝皇帝所用。那么是否是后世元朝皇帝派人来祭祀成吉思汗而留下的遗址呢？可能性也不大，因为后世祭祀成吉思汗的主要活动早已转移到放有成吉思汗圣物的八白宫里。

其次地面上发现祭祀遗址不代表地底下一定能挖出东西。随着科学的发展，遥感等先进探测技术的应用，发现地下真墓位置的可能性越来越大。但在蒙古民族崇尚薄葬，没有坚固的墓室、多层的棺椁，经过七百多年的漫长时光，埋在地下的物品损坏变形会相当严重，掩埋处也可能由于地壳、河流等的运动而易位。所以在如此广阔的地域寻找成吉思汗的墓葬地无疑是大海捞针。

最近又有报道说，美国加利福尼亚大学圣迭戈分校的研究人员现在计划利用无破坏性的多种探测技术，寻找成吉思汗墓。他们组织了一支由艺术、建筑和考古等学科的研究人员组成的八人考察队准备前往蒙古国，计划用三年时间，综合应用遥感探测、探地雷达、电磁感应、测磁法等最先进的技术来定位寻找成吉思汗墓。

加州大学圣迭戈分校下属艺术、建筑和考古跨学科研究中心的艾尔伯特·林裕民（音译）解释说，在有大型墓葬存在的地方，地表地貌总会受到影响，采用各种先进技术进行综合探测，并邀请公众参与分析，有望把考察范围缩小。

林裕民说，他们将在不掘地的情况下，对目标进行无破坏性探测，最终制成高精度立体图，以此来判断成吉思汗的墓地所在地。

以高科技为依托，这支考古队似乎信心十足，但高科技不是万能的，能否找到成吉思汗陵，我们拭目以待。

面对一些国家热衷于寻找成吉思汗安葬地的现象，包括达尔扈特人在内的多数蒙古人持反对态度，他们认为成吉思汗及元代的历代皇帝都是采取秘葬的形式，就是为了防止后人盗掘。蒙古人尊重他们祖先的意愿，不愿他们的祖先受到惊扰。

多少年来人们不惜代价苦苦寻觅成吉思汗的安葬地，都无功而返。或许重灵魂轻肉体的蒙古人只是简单地安葬了成吉思汗，他的遗体早已化归于天地万物，根本就没有留下任何东西。但是可以肯定地说，在成吉思汗的精神魅力和可能留下的奇珍异宝的吸引下，寻找成吉思汗陵的行动将会继续下去。

四、鄂尔多斯的成吉思汗陵

（一）成吉思汗陵的建造及变迁

成吉思汗真身的埋葬地不知所踪，但对成吉思汗的祭祀却延续至今。用于祭祀和安放圣物的成吉思汗祭陵经历了几百年的历史变迁后，近乎完整地保存了下来。

最早祭祀成吉思汗的地方叫八白宫，成吉思汗八白宫始建于鄂尔多斯，它由成吉思汗九位将领之首勃务尔出负责带领鄂尔多斯人，守护祭祀成吉思汗的灵柩。后来成吉思汗之孙圣祖忽必烈继可汗位，正式命名为成吉思汗八白宫。

为什么成吉思汗祭陵最早建于鄂尔多斯，这里有一个有趣的故事。据说成吉思汗死后，蒙古人将其遗体秘密安葬，然后将装有成吉思汗生前用过东西的灵车运往漠北，但车队至木纳山呼格布尔时，车轮陷住。护送灵车的蒙古士兵费尽力气也没能将灵车拖出来。他们认为这是长生天的旨意，于是在这里建立了祭祀成吉思汗的白宫。

木纳山呼格布尔就是现在乌拉特前旗乌拉山角的西山嘴，考古专家在阿尔巴斯山下一个个叫驼羔梁的北边发现一处用红石块围成的圆形遗址，很像是一个大蒙古包的基座四圈，紧连着这个大圆圈，还有大半个似方不方、似圆不圆的弧圈儿，也用红石块围成，里面还发现有许多瓷片。专家推测这就是当年建立的祭祀成吉思汗的白宫的地方，后来这里的祭祀回到了阿尔巴斯一带，作为八白宫的一部分成为成吉思汗最早的祭陵。

元世祖忽必烈继位后，就钦定鄂尔多斯的"总神祇"为成吉思汗的八白宫，忽必烈钦定的八白宫里，除了成吉思汗的金柩金坛和金银器具外，分别祭祀着成吉思汗象征瑞兆的八件圣物，他们是镇远大黑纛、大红号、弓箭、金刚宝刀、红木奶桶、金马鞍、衣带和大座蹬。

其中祭祀成吉思汗的军旗镇远大黑纛的白宫，

始终安放在成吉思汗灵棺附近。过去蒙古人的宫帐就是漂亮的蒙古包，蒙语叫"鄂尔多"或"斡耳朵"，多个宫帐就叫"鄂尔多斯"。开始成吉思汗的八白宫在阿尔巴斯山区，随着守护的达尔扈特人秘密游动。后来这个守护的人群越来越大，逐渐形成一个新的部落，这个部落就叫鄂尔多斯。因为有鄂尔多斯人的活动，从 15 世纪开始，阴山之南的

黄河两岸，直至万里长城的广大地区都叫鄂尔多斯这个名字。蒙语达尔扈特就是"执行特殊使命的人"，它专指鄂尔多斯部落中直接守护和祭祀成吉思汗八白宫的人。达尔扈特是世袭的，他们大部分是成吉思汗的爱将、爱臣和至爱亲朋的后裔。其中就有成吉思汗的著名大将勃斡尔出和木华黎的后人。

　　成吉思汗去世后，在成吉思汗四子拖雷任监国期间，漠北也建立过祭祀大汗的白色宫帐，与始建于鄂尔多斯的白宫一起，作为全体蒙古人的总神祇进行供奉。1229 年成吉思汗的三子窝阔台继位，又在新建的蒙古汗国都城哈剌合林，建立了祭祀白宫。由成吉思汗原来的一部分守卫人员守护和祭祀。成吉思汗的四位夫人去世后，她们原来居住的四大斡耳朵，也成了重要的祭祀白宫。拖雷和窝阔台去世后，同样建立了祭祀白宫，这些白宫后来都来到鄂尔多斯，安放在成吉思汗的八白宫周围。1206 年，成吉思汗之孙，拖雷之子忽必烈称汗后，在元上都西北郊，现在内蒙古正蓝旗境内，建立了成吉思汗祭陵宫，时称"失剌斡耳朵"，即黄色宫殿。1266 年，忽必烈接纳了身边汉臣的建议，在元大都即现在的北京建立了祭祀太庙，分别供奉先祖各位皇帝。元朝时期，祭祀成吉思汗的地方有四处，即阴山之南的鄂尔多斯，漠北的哈剌和林，元上都和元大都，这一局面比较平稳地延续了近百年。

　　1368 年元朝覆灭，元大都被朱元璋率领的明军占领，元大都和元上都的祭祀宫殿随之消失。1380 年，明军占领并毁坏了哈剌合林，此处的一些祭祀白宫，便迁到了鄂尔浑河一带。明军撤走后，这些白宫又迁回到哈剌合林。此后伴随着明军与北元蒙古可汗的战争，这些祭祀宫帐就在漠北漂流。而始建于鄂尔多斯地区的八白宫，则始终在鄂尔多斯秘密游动。14 世纪，在漠北守护祭祀白宫的一部分蒙古人为躲避连年的战乱，离开蒙古高原，向西迁徙到了阿尔泰山一带。15 世纪的 60 年代前后，即明朝成化年间，迁往阿尔泰地区的这些人和

祭祀白宫经阿拉善地区进入河套地区。仍在漠北漂流的另外一些祭祀白宫也陆续进入阴山之南的黄河两岸，于是与成吉思汗有关的所有元代时的祭祀白宫，全部于15世纪中后期进入了鄂尔多斯地区，和始建于此的成吉思汗八白宫会和，并在祭祀过程中逐渐融合，形成新的八白宫。

历史沧桑巨变，成吉思汗八白宫遭受过数次劫掠，但基址保存完好。此后八白宫虽然也有分有合，但主要部分一直在鄂尔多斯游动。蒙元时期，主持成吉思汗祭祀礼仪的大臣，官职叫"济农"，他是可汗以下的二号人物。成吉思汗四子拖雷是第一任"济农"。明朝时期的1512年，北元汗廷把蒙古各部重新划分成六个万户，济农成为万户长官。成吉思汗的八白宫有鄂尔多斯万户济农兼管。1627年成吉思汗第二十一代孙额麟臣袭任鄂尔多斯济农，为了便于管理，他把成吉思汗八白宫迁到黄河南岸达拉特旗的王爱召，安放在他父亲的灵塔附近。

清朝时期的1649年，清廷实行新的盟旗制度，鄂尔多斯济农额麟臣被任命为首任伊克昭盟盟长兼鄂尔多斯左翼中期札萨克多罗郡王。为了管理方便，额麟臣又把八白宫由王爱召迁往现在的伊金霍洛旗。于是人们把安放成吉思汗白宫的巴音昌霍格河畔的草地称作"伊金霍洛"，意思为"安放圣主灵枢的院落"。

1937年7月7日，抗日战争爆发，日本发动了野蛮的侵华战争。10月以后，日本军占领了除伊克昭盟、阿拉善旗、额济纳旗以外内蒙古西部的广大地区，矛头指向成吉思汗灵宫。邪恶的日本人将成吉思汗的灵棺挟持到呼和浩特，以控制蒙古民众。国民党政府应伊盟盟长兼济农沙克都尔札布的要求，将成吉思汗八白宫中的圣主与孛儿帖皇后的灵棺、忽兰皇后的灵棺和哈日苏勒德等重要圣物西迁。

今天的成吉思汗陵坐落在距包头市185公里的内蒙古鄂尔多斯伊金霍洛旗甘德利草原，陵园占地面积55000多平方米，如今这里已成为世界上最大的成吉思汗文化和蒙古族文化为主体的旅游景区。

来到成吉思汗陵，首先看到的是成吉思汗的铁马铜雕和古色古香的门牌坊。骑马铜像是1997年内蒙古自治区五十周年大庆时修建的。它高6.6米，象征着成吉思汗整个人生的六十六年岁月。马头的方向指向西方，象征着成吉思汗的几次西征。牌坊上题着"成吉思汗陵"五个大字，是内蒙古自治区第一位主席乌兰夫同志亲笔题写的。

走过九十九级台阶就来到了成吉思汗陵的主体建筑。它是由三座蒙古包式的大殿和与之相连的廊坊组成，三座大殿肃然屹立，明黄的墙壁、朱红的门窗、辉煌夺目的金黄琉璃的屋顶，使这座帝陵显得格外庄严。

中间正殿高达 26 米，平面呈八角形，重檐蒙古包式穹庐顶，上覆黄色琉璃瓦，房檐则为蓝色琉璃瓦；东西两殿为不等边八角形单檐蒙古包式穹庐顶，亦覆以黄色琉璃瓦，高 23 米，整个陵园的造型犹如展翅欲飞的雄鹰，极显蒙古民族独特的艺术风格。

正殿为成吉思汗纪念堂，正中摆放成吉思汗的雕像，高 5 米，身着盔甲战袍，腰佩宝剑，相貌英武，端坐在大殿中央。塑像背后的弧形背景是"四大汗国"疆图，标示着七百多年前成吉思汗统率大军南进中原、西进中亚和欧洲的显赫战绩。

后殿为寝宫，堂后的寝宫安放着四个蒙古包式的大灵包，上面覆盖着巨大的橘黄色的缎子，这就是成吉思汗和他的三位夫人的灵柩。中间的主灵包，起初只供奉着成吉思汗的灵棺，而现在供奉的则是成吉思汗和皇后孛儿帖。灵棺里安放着成吉思汗身边的圣物，其中有一缕神秘的白驼毛，据说成吉思汗升天前，蒙古人曾将这缕白驼毛放在他嘴边，当成吉思汗最后的气息吹动驼毛时，他的灵魂就附着在白驼毛之上，此后成吉思汗的真身秘葬，这屡白驼毛放在灵棺里供后人祭祀。主灵包右边的灵包，供奉的是忽兰皇后。左边的灵包供奉的是准格尔伊金白宫。灵包的前面摆着一个大供台，台上放置着香炉和酥油灯。这盏盏油灯七百多年来一直守在成吉思汗灵前，长明不灭。这里还摆放着成吉思汗生前用过的马鞍等珍贵文物。

东殿的这座白宫，供奉的是成吉思汗的神马溜圆白骏的画像，传说它是上天的使者，是腾格里长生天赐给成吉思汗的神马，因为有了神马，成吉思汗的铁骑才疾如闪电，所向披靡。因为有了神马，草原才畜群兴旺、吉祥安康。储存成吉思汗八白宫史料的典籍和祭祀用品的商更斡尔阁也设在东殿，著名的

成吉思汉陵

《成吉思汗金书》《红史》《黄史》《黄册》《三结书》《鄂尔多斯大白史》等珍贵文献都出自这里。

西殿的三个灵包里分别供奉着成吉思汗用过的弓箭、马鞍、大奶桶、大红号等圣物。历史上这些圣物都是"八白宫"的组成部分。西殿是供奉成吉思汗军旗"哈日苏勒德"的祭坛。五柄黑道，中间突起，四脚稳居，象征着成吉思汗所向无敌、稳固如山的军威。祭坛上有一间铜制小庙，这是珍藏成吉思汗苏勒德神矛的地方。不灭的圣灯也祭燃在这里，与成吉思汗灵棺前的圣灯一样，跳跃了七百多年。七百多年来，哈尔苏勒德祭坛一直跟随在圣主白宫的左右，从未离开。

扩建后的陵园外东侧还有一处独立的殿堂。殿堂的灵包里，供奉着拖雷和夫人额希哈屯的灵棺。拖雷是成吉思汗四子，是成吉思汗四个儿子中最小的一个，按照蒙古人的习惯，小儿子是守昭守家之子，成吉思汗去世后，他任监国一年，然后向哥哥窝阔台交了权，夫人额希哈屯为蒙古王朝养育了蒙哥和忽必烈两位皇帝，因为深受人们尊敬，他们为了祭祀白宫，很早就来到了鄂尔多斯，来到成吉思汗灵宫的身边。拖雷白宫安放在鄂托克旗，有专门的达尔扈特人世代守护祭奠，成吉思汗三子窝阔台的祭祀白宫也在鄂尔多斯的达拉克旗安放，蒙语"达拉"，就是"肩胛骨"的意思。"达拉特"是"达拉"的复数，传说窝阔台白宫的灵棺内，除藏有寄托灵魂的白骆驼毛外，还安放着窝阔台的肩胛骨，守护窝阔台祭祀白宫的达拉特部和达拉特旗，都因此得名。这一传说又一次证明了蒙古王汗死后按萨满教野葬的习俗，不然窝阔台的肩胛骨是不会放在灵棺里的。1934年，守护窝阔台白宫的老达尔扈特，那顺乌力吉怕土匪抢走窝阔台的银棺。就把银棺藏在库布其沙漠里。老人临死的时候，把埋藏银棺的地方告诉了他的儿子孟克巴图，并嘱咐他，现在兵荒马乱，银棺暂时不要取出来，等

到天下比较太平了再取，可是，当儿子后来去寻找银棺的时候，沙漠的变化使他再也没有办法找到银棺，就这样，窝阔台的灵棺，就永远安息在库布其沙漠里了。

（二）成吉思汗陵的祭祀

守护成吉思汗陵的是蒙古族的一个特殊部落

达尔扈特。成吉思汗死后，达尔扈特人就世世代代担负着守护和祭祀成吉思汗的使命，七百多年来从未间断。从部落诞生之日起，达尔扈特人就不耕种，不狩猎、不纳税、不服役、也不当官，靠布施为生，他们毕生吟诵祭文，世代守护和祭祀成吉思汗陵墓。

目前，成吉思汗陵由八户达尔扈特人掌管祭祀，负责守护祭祀的有三十多人，他们已经成为管理成吉思汗陵的国家公务人员。在达尔扈特守灵人中，只有长子才能接替守灵工作。守灵人掌握的有关祭祀都是由祖辈一代代口耳相传下来的。凭着一份坚定的信仰和不屈不挠的精神，达尔扈特人战胜了无数的困难，数百年如一日地真诚地履行着他们的职责，完整地传承着这一特殊的祭祀文化。

成吉思汗陵祭奠是世界上最细繁最具有特色的祭奠，它分为日祭、奉祭、月祭、季祭和年祭。此外历史上还有每三年进行一次的"祝福祭"，每年分不同月份进行的"公羔祭""台吉祭"和"香火祭"等祭奠仪式。所谓日祭就是一年三百六十五天，每天早晚守灵的达尔扈特都要在成吉思汗和夫人的灵包前点燃香火，更换长明圣灯，念诵《伊金桑》圣主颂词。奉祭是为朝奉者举办的一种祭奠，坐班的达尔扈特要领着朝拜者向成吉思汗敬拜，并念诵《哈达祝祷词》《神灯祝祷词》《圣酒祝祷词》，如果朝拜者向成吉思汗敬献全羊，坐班的达尔扈特还需念诵《全羊祝祷词》。月祭在每月的初一、初三举行，也叫"小祭"。碰到初一，向成吉思汗敬献全羊一只，白酒一樽。碰到初三，则献全羊三只，白酒三樽。月祭除守陵的达尔扈特以外要有达尔扈特的有关管理人员参加。圣主年祭是一年里达尔扈特人和附近蒙古人的第一心愿。年祭从除夕开始，坐班的达尔扈特人举行一年最后一次祭奠，在这次祭奠中，除了要念诵原来的五个颂词外，还要念诵《金殿香火小祭文》。正月初一，达尔扈特人和附近的蒙古族群众早早起来，他们要办的第一件事就是到成吉思汗陵祭拜。正月初一的祭奠，要有九只绵羊，九樽六十三斤白酒，二百多斤白面做成的馓子。三斗红枣，十斤白糖冰糖红糖蜂蜜核桃等美味甜食，此外还要点燃一千盏神灯。过去正月初一的年祭，都要有盟长、王爷、济农和继位台吉参加，并且在除夕之夜就要来到成陵。现在依照这个习俗，鄂尔多斯市的主要官员，也要在正月初一到成陵祭拜。正月初一的年祭中，除了月祭时念诵的颂词外，还要念诵《成吉思汗小祭文》和《净瓶赞》，还要唱《十二首祭歌》即《天歌》。

这组由十二首歌曲组成的祭歌，确实可以称得上"天歌"，因为这十二首歌中的十一首，谁也听不懂唱的是什么意思，是什么语言。从古传到今，没有一人能破解。人们只能从达尔扈特诵唱传人的歌声中，体会他们对成吉思汗的崇敬缅怀和自豪的情感。

一年有四季之分，成吉思汗陵祭奠也有"四时大典"。这些大典过去都要有蒙古王汗们参加。春季查干苏鲁克大典，在每年农历的三月二十一举行，这一天，要用九十九匹白马之奶祭祀苍天。同时也祭祀成吉思汗的神马溜圆白骏，因此这一祭奠也称"鲜奶祭"。"鲜奶祭"从成吉思汗五十大寿开始，一直流传至今，是四时大典中最隆重的一祭。

夏季淖尔大典，每年农历的五月十五举行。这一天前后，鄂尔多斯各地的蒙古族群众都要举行祭祀仪式，向苍天和成吉思汗祭献，祈求草原上人畜兴旺，鲜奶像湖水一样丰盛。因此这个节日也叫"盛奶节"。"盛奶节"也是从成吉思汗时开始的。在盛奶节这一天，成吉思汗往往要奖赏他的有功之臣，这一习俗一直流传下来。祭奠结束后，勃斡尔出、木华黎等达尔扈特的后裔们，也都要"分份子"。"秋日斯日格大典"又叫"禁奶大典"。在每年农历的九月十二举行，这一天除了祭奠成吉思汗外，还要把小马驹从链绳上解放出来，让它可以自由地吸吮母奶。从这一天开始，人们不再去挤母马的奶汁，因此叫"禁奶大典"。冬季"达斯玛大典"又叫"皮条大典"，在每年农历的十月初三举行，产生于鄂尔多斯的蒙古族历史文献《宝贝念珠》记载，十月初三是浴圣主成吉思汗神明身体之脐带的祝福之日。传说，成吉思汗出生的那年冬天，他的褓褓是用祭祀过的山羊皮条包扎起来的。达斯玛祭就是纪念此事。祭奠前，先选定一

只出生后从未抓过绒、剪过毛的羯山羊。用全绵羊供奉，然后用圣酒和酸奶把它涂抹，这叫领牲。领牲后，再把羊拉到一个专用的垫子上，让山羊抖动身体，主祭人把一条哈达放在山羊嘴上，由达□扈特人宰杀。当天夜里，山羊皮要经过一番特殊处理，第二天就变成了白嫩的皮子，制成十八根皮条。十月初三，达斯玛大典开始时，新作的皮条九

根一包，包成两包，放入成吉思汗灵棺里，同时把灵棺里去年这一天放入的皮条取出，切成小块，作为圣物分发给朝拜者，蒙古人把它带回家里或者装在身上，祈求圣主保佑。

"四时大典"最隆重的要数春季的查干苏鲁克大祭即鲜奶祭。这个祭奠，从成吉思汗五十大寿开始，流传至今。在他去世之后，这个祭奠便增加了祭祀他和他的神马溜圆白骏的内容。溜圆白骏是成吉思汗在世时禅封的神马，成吉思汗认为他是苍天神骏的化身。成吉思汗去世后，溜圆白骏的画像也一直受到供奉，作为成吉思汗陵祭祀圣物的一部分。而其真马一代一代在草原上选拔传承，成为成吉思汗陵祭奠的组成部分。敖包是蒙古人祭天的地方，也是查干苏鲁克大祭的主要场所，神马是苍天的使者，把神马请上敖包，领受它的祝福，就是领受苍天和圣主的祝福。

苏鲁克大祭的中心是一个可以盛放九十九匹白马的乳汁的大奶桶，这大奶桶名叫"宝日温都尔"，当年它是成吉思汗祭天用的圣奶桶，后来它成了吉思汗八白宫供奉的圣物，平时供奉在大殿里，只有每年的这个时候才用来盛装马奶。

向苍天祭洒鲜奶的仪式开始了，祝颂人开始吟诵《九十九匹白马之乳祭洒祝词》。按照过去的规矩，把第一勺鲜奶洒向苍天的应该是济农，现在则是成吉思汗家族中的德高望重者。第一勺鲜奶洒完之后，人们一个个争前恐后地接过楚楚格，奔跑着把鲜奶洒向象征着苍天的天门和星座。鲜奶祭之后，人们都要争喝剩下的鲜奶，领受上天的祝福。主祭人则拿一只金杯或银杯，杯里倒上酒，放到溜圆白骏的臀部，任其自由落地，落地后如果杯口朝上则是好兆头，就是苍天保佑。

同成吉思汗灵宫的祭奠一样，成吉思汗的军旗哈日苏勒德也有日祭月祭季祭和年祭，哈日苏勒德祭奠，每年最隆重的是农历七月十四的大祭。每逢龙年，哈日苏勒要换缨，这一年的大祭就叫威猛大祭又叫换缨祭。哈日苏勒德威猛大祭，从龙年的七月十四开始到十月初五达到高潮。过去大祭结束后，祭台上的四杆陪祭苏勒德还要由一百名达尔扈特人护卫，到鄂尔多斯各旗巡祭。十月初五是威猛大祭的最后一天，需要把哈日苏勒德换缨从圣坛上移下来，装到车上，护送到它原来祭祀的地方苏勒德霍洛，在那里举行一个简短的祭祀仪式，然后在十几里外的一个叫明干木都的地方，举行正式的威猛大祭。威猛大祭开始，守护哈日苏勒德的四名达尔扈特人在洪声烈号和《哈日苏勒德威猛祭文》的诵读声中，举起黑纛，单腿跳跃"哈哈"地呐喊向前冲刺。在黑纛的前方，则有一个人将事先特意选好的绵羊头，在盘子里沾上血酒，迎头溅在苏勒德上。据说成吉思汗每次出征的时候都要供奉哈日苏勒德，相信它能够保佑蒙古军百战百胜，这种祭祀一直延续到现在。

中国皇陵

责任编辑：董芳
装帧设计：昌信图文

ISBN 978-7-5472-1539-5

定价：33.80 元